飯田線

伝う鉄路と物語

信濃毎日新聞社編集局 編

信濃毎日新聞社

目次

第3部　はじまりの槌音《つちおと》　95

第4部　次の100年へ　127

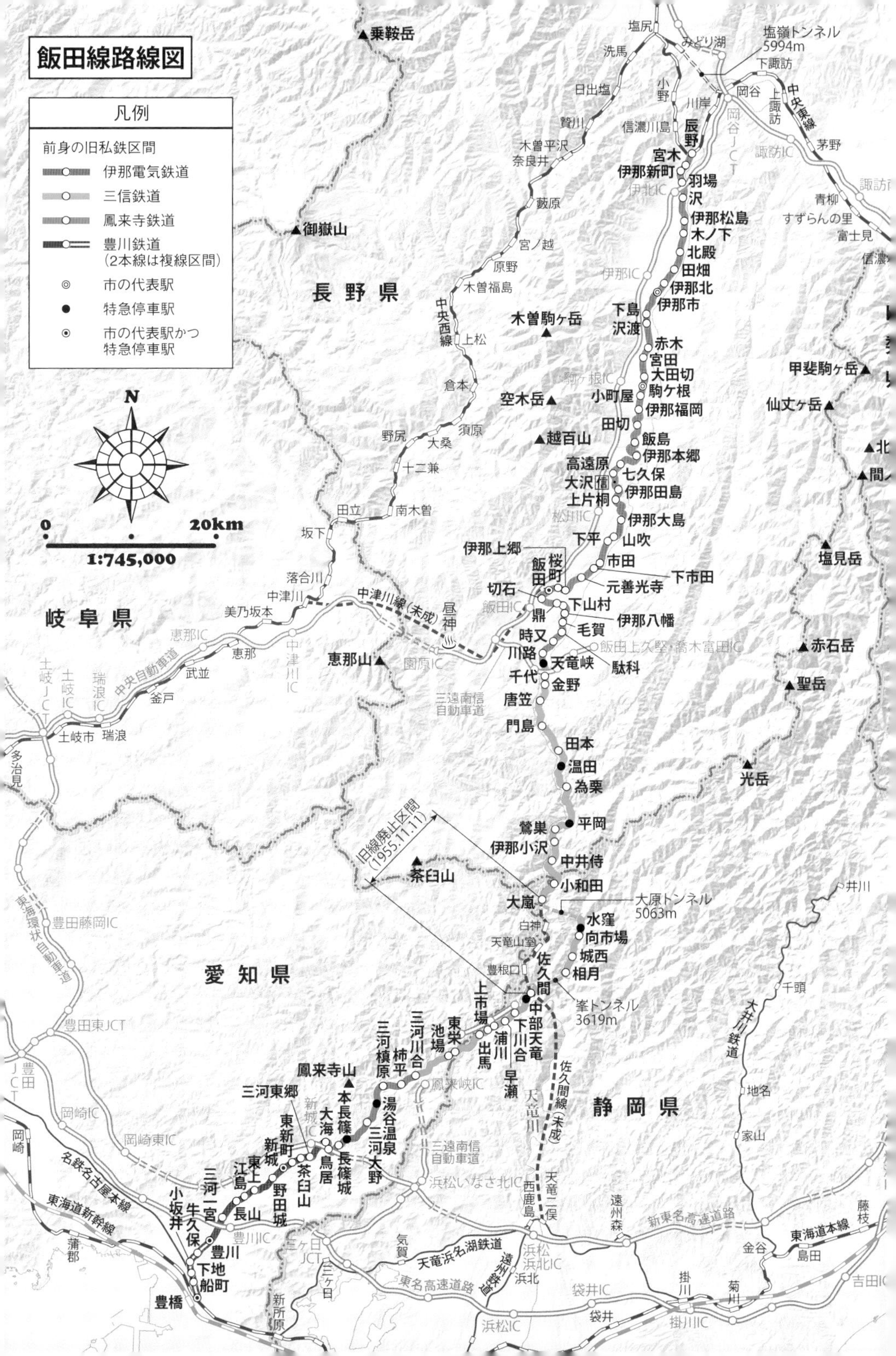
飯田線路線図
凡例
前身の旧私鉄区間
伊那電気鉄道
三信鉄道
鳳来寺鉄道
豊川鉄道
(2本線は複線区間)
市の代表駅
特急停車駅
市の代表駅かつ特急停車駅
N
0
20km
1:745,000
長野県
岐阜県
愛知県
静岡県
乗鞍岳
御嶽山
木曽駒ヶ岳
空木岳
越百山
恵那山
茶臼山
鳳来寺山
甲斐駒ヶ岳
仙丈ヶ岳
塩見岳
赤石岳
聖岳
光岳
塩尻
みどり湖
塩嶺トンネル
5994m
下諏訪
岡谷
上諏訪
中央東線
茅野
諏訪IC
岡谷JCT
洗馬
日出塩
贄川
木曽平沢
奈良井
藪原
宮ノ越
原野
木曽福島
中央西線
上松
倉本
須原
大桑
野尻
十二兼
南木曽
田立
坂下
落合川
中津川
美乃坂本
恵那
武並
釜戸
瑞浪
土岐市
多治見
恵那IC
中津川IC
瑞浪IC
土岐IC
土岐JCT
中央自動車道
中津川線(未成)
昼神
園原IC
小野
川岸
信濃川島
辰野
宮木
伊那新町
羽場
沢
伊北IC
伊那松島
木ノ下
北殿
田畑
伊那北
伊那IC
伊那市
下島
沢渡
赤木
宮田
大田切
駒ヶ根IC
駒ヶ根
小町屋
伊那福岡
田切
飯島
伊那本郷
高遠原
七久保
大沢信
伊那田島
上片桐
松川IC
伊那大島
下平
山吹
市田
伊那上郷
桜町
飯田
下市田
元善光寺
切石
飯田IC
下山村
鼎
伊那八幡
毛賀
時又
川路
飯田上久堅・喬木富田IC
天竜峡
駄科
千代
金野
唐笠
三遠南信自動車道
門島
田本
温田
為栗
平岡
鶯巣
伊那小沢
中井侍
小和田
大嵐
旧線廃止区間
(1955.11.11)
大原トンネル
5063m
水窪
向市場
城西
相月
白神
天竜山室
豊根口
佐久間
峯トンネル
3619m
中部天竜
上市場
浦川
下川合
出馬
早瀬
東栄
池場
三河川合
柿平
三河槇原
湯谷温泉
三河東郷
本長篠
三河大野
大海
長篠城
鳥居
新城IC
鳳来峡IC
佐久間線(未成)
天竜川
東新町
新城
茶臼山
野田城
東上
江島
長山
三河一宮
小坂井
牛久保
豊川
豊川IC
下地
船町
豊橋
浜松いなさ北IC
西鹿島
天竜二俣
三ヶ日JCT
三ヶ日
新所原
気賀
天竜浜名湖鉄道
遠州鉄道
浜松浜北IC
浜北
浜松IC
東名高速道路
新東名高速道路
遠州森
袋井IC
袋井
掛川
掛川IC
菊川
金谷
島田
藤枝
東海道本線
吉田IC
千頭
大井川鐵道
地名
家山
井川
富士見
青柳
すずらんの里
信濃
北
間ノ
豊田藤岡IC
東海環状自動車道
豊田東JCT
豊田JCT
岡崎IC
岡崎東IC
岡崎
名鉄名古屋本線
東海道新幹線
蒲郡
諏訪南

【表紙】のどかな伊那本郷駅（上伊那郡飯島町）に下り普通列車が到着した。駅の脇に広がる二十世紀梨のナシ畑は白い花が満開＝２０２２年4月16日

【本扉】断崖絶壁にある田本駅（下伊那郡泰阜村）に臨時観光列車「飯田線秘境駅号」が到着。普段静かな駅が大勢の乗客でにぎわった＝２０２２年4月10日

●おことわり

・本書は、信濃毎日新聞朝刊で２０２２年1月～２０２３年3月に連載した大型写真企画「伝う鉄路と物語　飯田線」の記事・写真を基に再構成しました。記事は加筆修正し、写真は未掲載の写真や新規の撮影写真を大幅に加えたほか、過去の資料写真や地形図も交えた内容としました。

・本文中に登場する人物の肩書きや年齢は、取材当時のものです。

・本文中の駅区間の表記は、上り方向（辰野→豊橋）を原則としました。

第1部

レールのある日常

大雨で橋梁が被災、一部区間の長期間不通によって生活の足として役割に改めて注目が集まった。「鉄道が普通にある」日常の様子を追う。

辰野駅北側にある大城山から見下ろした辰野町の中心部。2021年夏の大雨災害から復旧し、列車が走る日常の風景が戻った＝2022年1月1日

戻ってきた音　橋梁を渡る光

橋脚損傷　大雨災害からの復旧

2022年1月8日の夕、上伊那郡辰野町の大城山《おおじょうやま》から伊那谷を見下ろすと、飯田線の列車のライトが一筋の光のように南へと伝わっていた。「カーン、カーン、カーン」。列車が同町の「横川橋梁《きょうりょう》」近くの横川踏切に近づくと、警報器が鳴り響く。赤色灯がともり、踏切のすぐそばに住む栗林良裕さん(74)にとって子どもの頃から慣れ親しんだ音だ。

横川橋梁は2021年8月14日から続いた大雨で被災。不通となった辰野―伊那新町間は、1年3ヵ月後の22年11月15日に全線で運転再開されるまでバスによる代替輸送が続いた。乗客の多くは高校生。「運転再開が学校の新学期に間に合って本当に良かった」。同町川島小学校長を経て、現在は町内2小学校の学習支援員を務める栗林さんは、橋の上をゆっくり走る2両編成の列車を頼もしそうに見守った。

大雨の日、用事を済ませて自宅に向かおうとした栗林さんが目にしたのは水かさが増し、濁流がうねる横川川だった。横川踏切の前は人だかりができていた。横川橋梁の橋脚が傾き、飯田下伊那方面に真っすぐ延びているはずの線路はゆがみ曲がっていた。このままじゃあ列車は走れない――。「信じられなかった」

仮の橋脚が設置されて全線運転が再開される日、栗林さんは、太陽が昇りきらず辺りが暗いうちにデジタルカメラを携えて自宅を飛び出した。駒ケ根駅を出発した1番列車がライトをともしながら横川

2021年8月の大雨で橋脚が損傷した横川橋梁のそばを歩く栗林良裕さん。仮の橋脚により復旧された線路を列車が通過すると「本当に良かった」とつぶやいた＝2022年1月5日

橋梁にゆっくり近づく。夢中になって、寒さでかじかんだ指先で何度もシャッターを押した。日常が戻ったことがうれしかった。

栗林さんが子どもの頃、横川橋梁の橋脚の周りはたくさんの魚が集まり、釣り糸を垂らすとよく釣れた。当時の橋脚は復旧工事に伴って撤去され、今はもうない。「本当に寂しい」。飯田線の前身となった私鉄・伊那電気鉄道に長年勤めた父の故・三郎さんのことがふと脳裏に浮かんだ。

飯田線が貫いて走る伊那谷に夕闇が迫る。辰野駅を発車した列車がライトを輝かせながら、大雨災害から復旧した横川橋梁（中央下）を渡って飯田方面へ走って行った＝2022年1月8日午後5時27分、辰野町の大城山から撮影

30
11

辰野駅前から通じる県道の横川踏切を列車が通過する。左側に被災して復旧した横川橋梁がある＝2022年1月1日

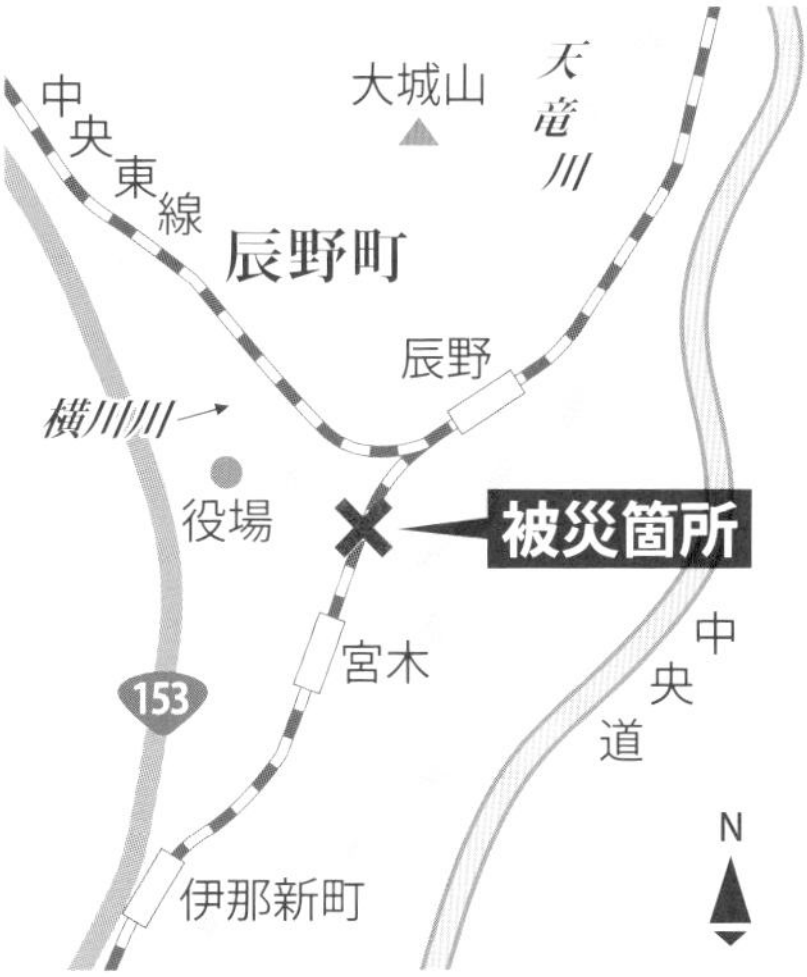

橋脚の損傷で折れ曲がった横川橋梁の線路も、復旧工事によって元通りになった＝2022年1月1日

走る列車は「人生の一部」

線路沿いのわが家 父母の思い出

上伊那郡辰野町の栗林良裕さん(74)宅の1階、12畳ほどの居間にある窓のカーテンを開けると、すぐ近くに飯田線の線路が見える。2022年1月16日の日中、辰野―宮木間にある横川踏切の警報器が鳴ってしばらくすると、ゆっくりと走る列車の姿が窓枠いっぱいに目に飛び込んできた。

「ゴットン、ゴットン、ゴットン」。栗林さんは早朝、寝室の布団の中で1番列車が通る振動を感じる。子守歌のような心地よさだ。この場所で生まれ、日常的に近くを走る列車を「人生の一部」と表現する。

02年に94歳で亡くなった、父の三郎さんは飯田線の前身となった私鉄・伊那電気鉄道に勤めた。自宅を建てた場所は横川踏切のすぐそばだった。

子どもの頃、踏切の近くで列車の通過の際、歩行者や車両を手動で遮断する「警手」が1畳半ほどの小屋に詰めていた。ある警手は栗林さんを「よしぼう」と呼び、かわいがってくれた。1996年に83歳で亡くなった母のよし子さんは宿直を終えた警手にお茶を出した。遮断機の自動化に伴い警手が廃止された時、数人が制服を着て訪れ、よし子さんにお礼のあいさつをした。

21年8月14、15日の大雨で「横川橋梁」の橋脚が損傷。徐々に復旧する様子を写真に収めた。当時の赤羽一嘉国土交通相が同29日に視察した様子も記録した。写真は「学習カード」として、学習支援員を務める町内の両小野、辰野南の両小学校で理科の授業に使った。児童は関心を抱いた様子だった。

「子どもたちにふるさとで起きた災害を心にとどめておいてほしい」。栗林さん自身も改めて感じ入ったことがある。これからも飯田線が走る日常に感謝し、この場所で暮らしていこう、と――。

栗林良裕さん宅から見える飯田線の列車。家は線路のすぐ脇にあり、
カーブして辰野駅に入っていくのを見送る＝2022年1月16日

ゴットン、ゴットン、ゴットン…。栗林さん宅の窓から見える飯田線列車。雨が降っても風が吹いても、客を乗せて走る姿が目に飛び込んでくる＝2022年1月16日

栗林さん宅から横川橋梁方向を見る。下り列車が橋を渡ってきた＝2022年1月16日

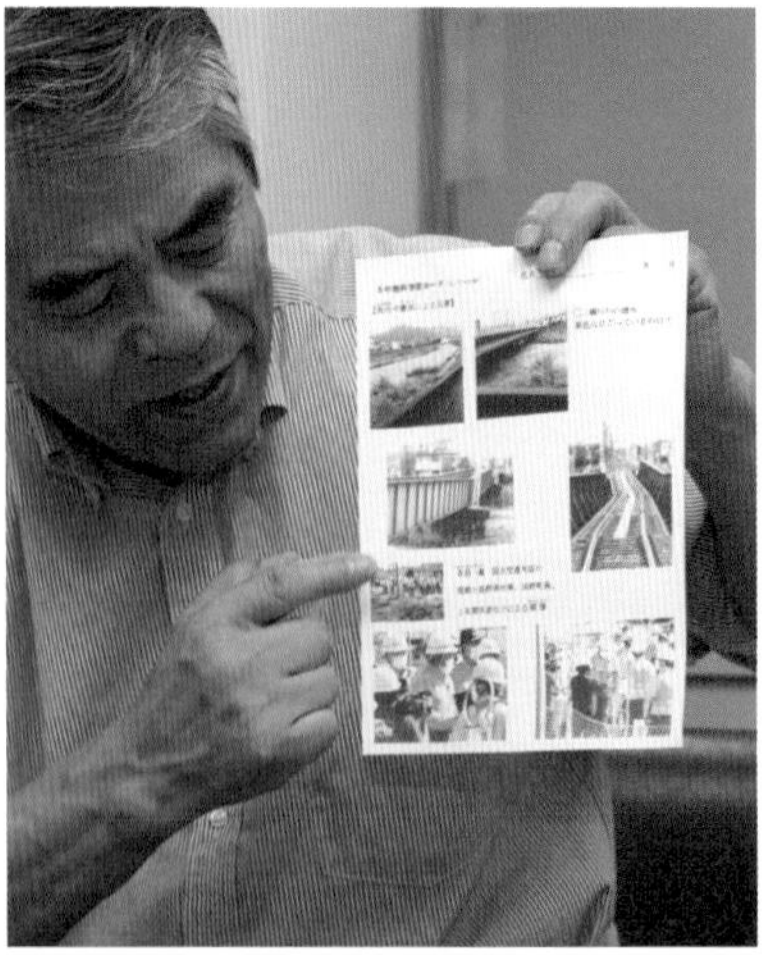

自身で撮影した橋梁復旧の写真で作った学習カードを手にする栗林さん＝2023年8月28日

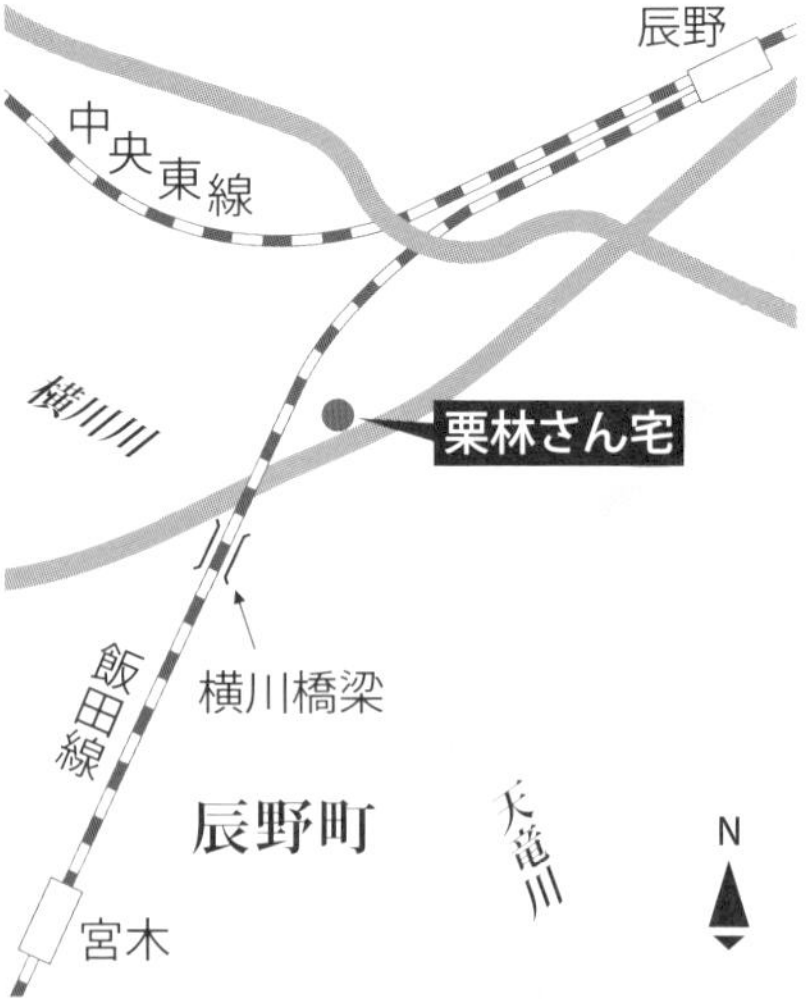

人の温かさを感じた3ヵ月

代替輸送バスに生まれた連帯感

東の空がうっすらと群青色に染まりだした2022年2月2日午前6時ごろ。上伊那郡辰野町伊那富の伊那新町駅近くにある線路沿いの町道は静まり返っていた。黒いシルエットとなった山並み、遠くにきらめく街の明かりを横目に、岡谷方面に向かう下り列車が赤色灯の軌跡を残しながらホームへ滑り込む。隣では駒ケ根方面への上り列車が出発を待っていた。この道は3ヵ月前の21年11月まで、同年夏の「横川橋梁」被災に伴う代替輸送のバスの停留所に通じており、朝晩を中心に利用客が行き交っていた。

松本市埋橋の会社員上平孝子さん(57)は2年半にわたって、松本駅で乗り、岡谷を経由し、約2時間がかりで駒ヶ根市内の職場に通う生活を続けてきた。しかし、大雨で横川橋梁が被災。辰野—伊那新町間の代替輸送が続く中、何度も停留所まで約200メートルを行き来した。

線路沿いは道幅が狭く、車のすれ違いがやっと。雨の日は道路の水たまりを避ける必要もあり、列車とバスの乗り換えの煩わしさに嫌気が差した。同じ気持ちからか、毎日のように顔を合わせる利用客同士で自然とあいさつが生まれ、「連帯感」のようなものを感じた。

辰野駅からの利用客はいつも高校生3人と社会人3人ほど。顔触れの中には歩くのが速くない男性が1人いた。ある日、それを知らない運転手が定刻に出発するためドアを閉めると、全員が「待って。もう1人乗ります」。それほど親しくない仲なのに声が重なった。

飯田線が全線で運転再開した21

線路脇の町道に設置された乗り換え停留所への案内看板＝2021年11月14日

上平孝子さんが代替輸送バスに乗り換えるために歩いた線路沿いの町道。背後から走ってきた列車が光の軌跡を残しつつ伊那新町駅（奥）へと滑り込んだ＝2022年2月2日午前6時23分（約10秒間露光）

代替輸送バス運行最終日。乗り換え停留所から線路脇の町道を歩いて約200メートル先の伊那新町駅へ向かう乗客たち＝2021年11月14日

運行再開の朝、被災した横川橋梁を通る列車に向かって「お待たせしました」の言葉を掲げ、手を振る乗務員有志＝2021年11月15日

年11月15日朝、上平さんは駒ヶ根に向かう列車に乗った。辰野駅を出た列車が速度を落として横川橋梁に差し掛かると「お待たせしました」との文字が目に飛び込んできた。乗務員有志が横断幕を持ち、思い切り手を振っていた。

「乗り換えが大変だし、時間も余

「いつもありがとうございました」。運行最終日の代替輸送バスには、運転手に感謝の言葉をかける乗客もいた＝2021年11月14日

代替輸送バスの運行最終日。バスの窓から仮復旧工事が終わった横川橋梁を見る＝2021年11月14日

計にかかる」。被災を知った当初はそう思った。しかし、乗務員らの復旧に懸けた思いにじかに触れて頬を涙が伝った。人の温かさを感じた3ヵ月を得難い経験として心に刻みつつ、上平さんはきょうも飯田線に乗る。

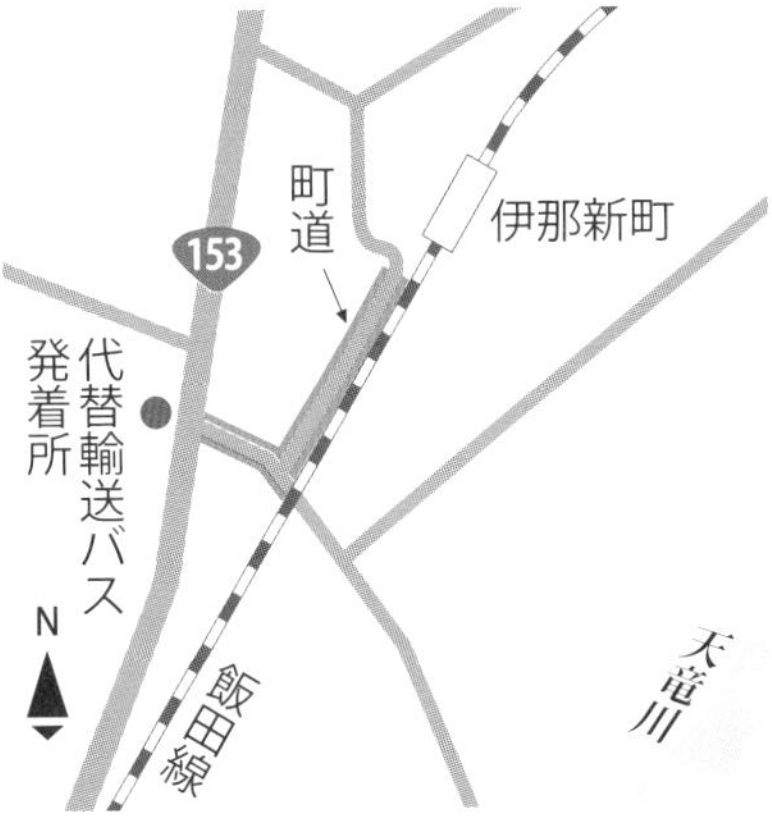

橋を襲った大雨【2021年8月中旬】

2021年8月中旬、停滞した前線の影響で長野県中南信地方では強い雨が続き、岡谷市では3人が犠牲となる土石流災害も発生した。木曽や上伊那でも被害が目立ったが、上伊那郡辰野町の飯田線辰野―宮木間に架かる横川橋梁は14日、横川川の増水で3基の橋脚のうち1基に傾きが発生。橋げた上に敷かれたレールも落ち込んで屈曲し、長期間の不通を余儀なくされた。代替バスを運行する一方、JR東海は約3カ月で仮橋脚を造り運行を再開。22年6月には新たな橋脚で本復旧させた。

横川川の増水で中央の橋脚が上流側（右）に傾いた横川橋梁＝2021年8月17日

横川橋梁の辰野寄りにある横川踏切から宮木方面を見るとレールが曲がっているのが分かる＝2021年8月17日

赤羽一嘉国土交通相（中央）らが被災した横川橋梁（右後方）を視察＝2021年8月29日

傾いた橋脚上では鉄橋や橋げたの傾きを補正する慎重な作業が進んだ＝２０２１年10月29日

傾いた橋脚の横に仮橋脚を造る基礎工事の深い穴が現れた＝2021年10月15日

ただ一度 夫婦の旅の証し

大嵐駅ホームに記念植樹の看板

２０２２年2月17日夕、ＪＲ飯田線の列車は長野県から静岡県に入り、小和田《こわだ》駅（浜松市天竜区水窪《みさくぼ》町）から続くトンネルをいくつもくぐり抜けて、大嵐《おおぞれ》駅（同）に到着した。列車のライトがホームにある1枚の看板を照らした。１９９７年8月20日に飯田線全通60周年を祝って行われた記念植樹の参加者35人の名前が刻まれた看板。「長野県　西浦英夫　西浦順子」の名もあった。

飯田市高羽《たかは》町の西浦順子さん（73）は当時、夫の英夫さんと一緒に飯田駅前の居酒屋「一平」を営んでいた。飯田名物のネギだれおでんなどが人気で、店は繁盛。休みは年3日ほどだった。

ある日、英夫さんの誘いで記念植樹に参加することになった。娘3人を育てながら皿洗いなどで支える順子さんを気遣ったのかもしれない。忙しくて夫婦で旅行する機会はほとんどなく、心底うれしかった。「お父さんに付いて行っただけだけれど、大勢の人でにぎやかでした」

働きづめだった英夫さんはその8年後の２００５年、61歳で死去。大嵐駅での記念植樹が2人だけの最初で最後の列車の旅になった。順子さんが店を継いだが、体力の衰えもあり、17年に70年の歴史の幕を閉じた。

店の神棚には商売繁盛の御利益があるとされる豊川稲荷（愛知県豊川市）のお札が納まっていた。「無事に商売を続けることができました」。いつかお礼がしたいと思っていた順子さんは21年11月15日、「何かを始めよう、何かやらなきゃ」と、飯田線の特急ワイドビュー伊那路に飛び乗り2時間20分、豊川駅で降りた。飯田線が同年8月の大雨災害後に全線で運転再開した日だった。

豊川稲荷で初めてのお参りを済ませ、心の荷が下りた気がした。帰路は普通列車。夕闇が迫る頃、車内放送を聞いてホームを見ると、25年ぶりの大嵐駅だった。英夫さんの顔が頭に浮かび、懐かしさが込み上げた。

順子さんは思う。鉄道が大好きな孫や娘を連れてもう一度来よう。そして教えたい。「お父さんとお母さんが2人で旅した駅だよ」

山間にある大嵐駅の駅舎。駅は静岡県浜松市にあるが、利用者の多くが天竜川対岸の愛知県豊根村富山の住民であることから、1997年に旧富山村が建てた。正式名称は「大嵐休憩所」。れんが造りの東京駅をモチーフにしたとされる＝2022年2月15日

大嵐駅ホームに立つ飯田線全通60周年の植樹を記念して立てられた看板＝2022年2月17日

駅舎内には、訪れた鉄道ファンらが書き残したノートや、廃止された旧線区間の貴重な写真も残されていた＝2022年2月8日

記念植樹
飯田線全通60周年を記念して、ここに植樹する。

記念植樹の看板（右）に西浦英夫さん、順子さん夫婦の名が刻まれている大嵐駅。深い谷に夕闇が迫る中、豊川稲荷からの帰路で順子さんの脳裏に懐かしい記憶がよみがえった＝2022年2月17日午後5時53分（15秒間露光）

日中の大嵐駅。両側をトンネルに挟まれた山深い中で上下列車が行き違う＝2022年2月8日

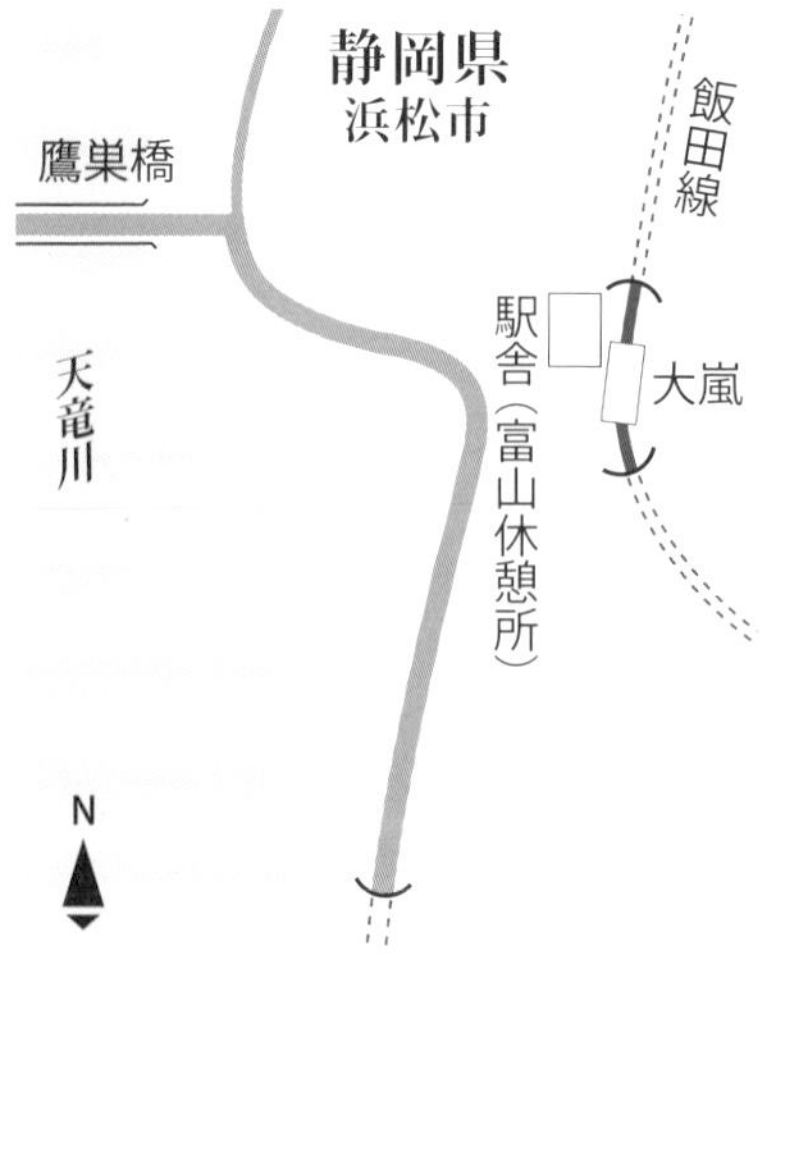

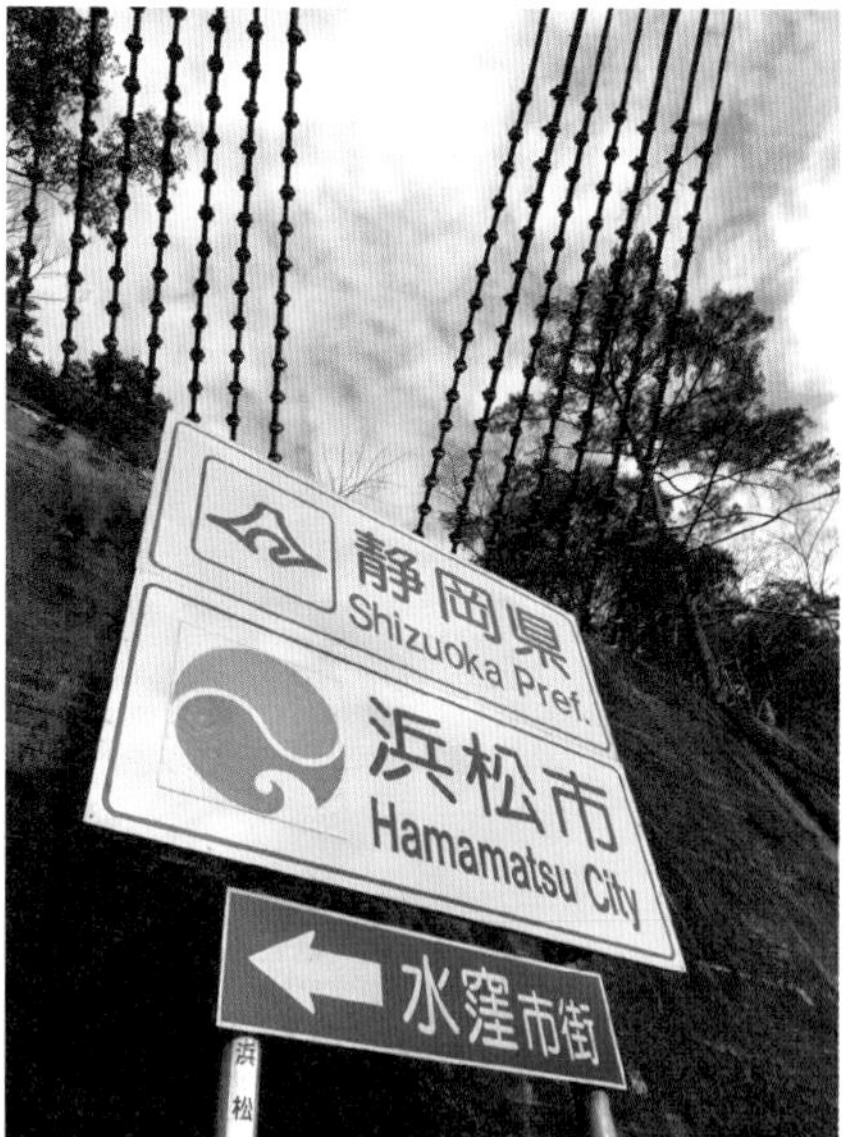

駅近くの天竜川に架かる鷹巣橋の左岸側にある「静岡県　浜松市」の案内板。3県境が接する山間を飯田線が走り抜けている＝2022年2月8日

乗客も村民も話して交わって

平岡駅直結の観光施設「龍泉閣」

平岡駅で天竜峡行き普通列車と行き違う特急伊那路。奥の建物が駅舎を兼ねた観光施設「龍泉閣」＝2023年8月5日

「ウクライナの戦争は本当に嫌だな」下伊那郡天龍村の中心駅、平岡駅に直結する村の観光施設「龍泉閣」。そこに入る売店の店主熊谷明美さん（66）が2022年3月5日、玄米パンの納品に来た宮沢敏夫さん（81）と話し込んでいた。諏訪市在住の画家でグラフィックデザイナーの原田泰治《たいじ》さんが同月2日、81歳で亡くなったことも話題に。顔見知りの村民も交じり、会話を弾ませた。

約60平方メートルの売り場にニンジンやジャガイモの煮物、卵焼き、とんかつなど10種類ほどの総菜が並ぶ。熊谷さんが午前3時に起きて作った「おふくろの味」は、列車に乗る前に取り置きを頼む客がいるく

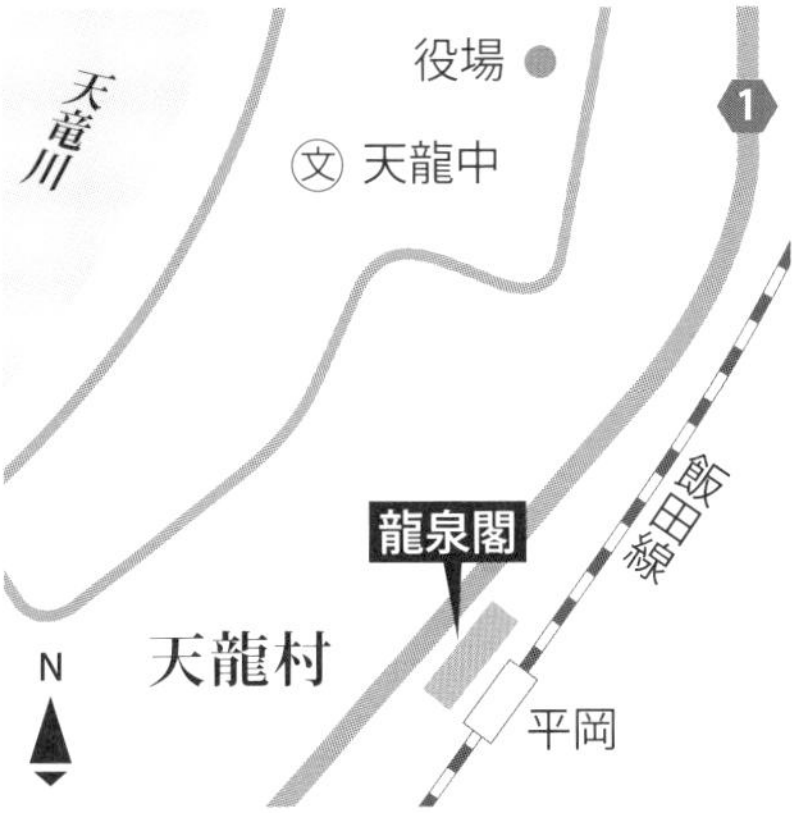

売店（右奥）前で接客する熊谷明美さん（右から２人目）。土産品や日用品、総菜などを並べた売り場の脇で、訪れた人と会話を弾ませた＝2022年3月5日

ロント
エレベーター
NAGANO
新型コロナ対策推進宣言の店
信州割
飯田線マップ
ぬぐい
ローカル線
1,100円
たばこ
ブッポウソウ切手シート
(82円切手×10枚)
1,000
TENRYU
特製クリアファイルつき
0260－32－2050まで

長野県最南にある天龍村の中心部、平岡の風景。天竜川が蛇行し、平岡橋（右）が架かる。中央の３階建てが役場＝2023年8月5日

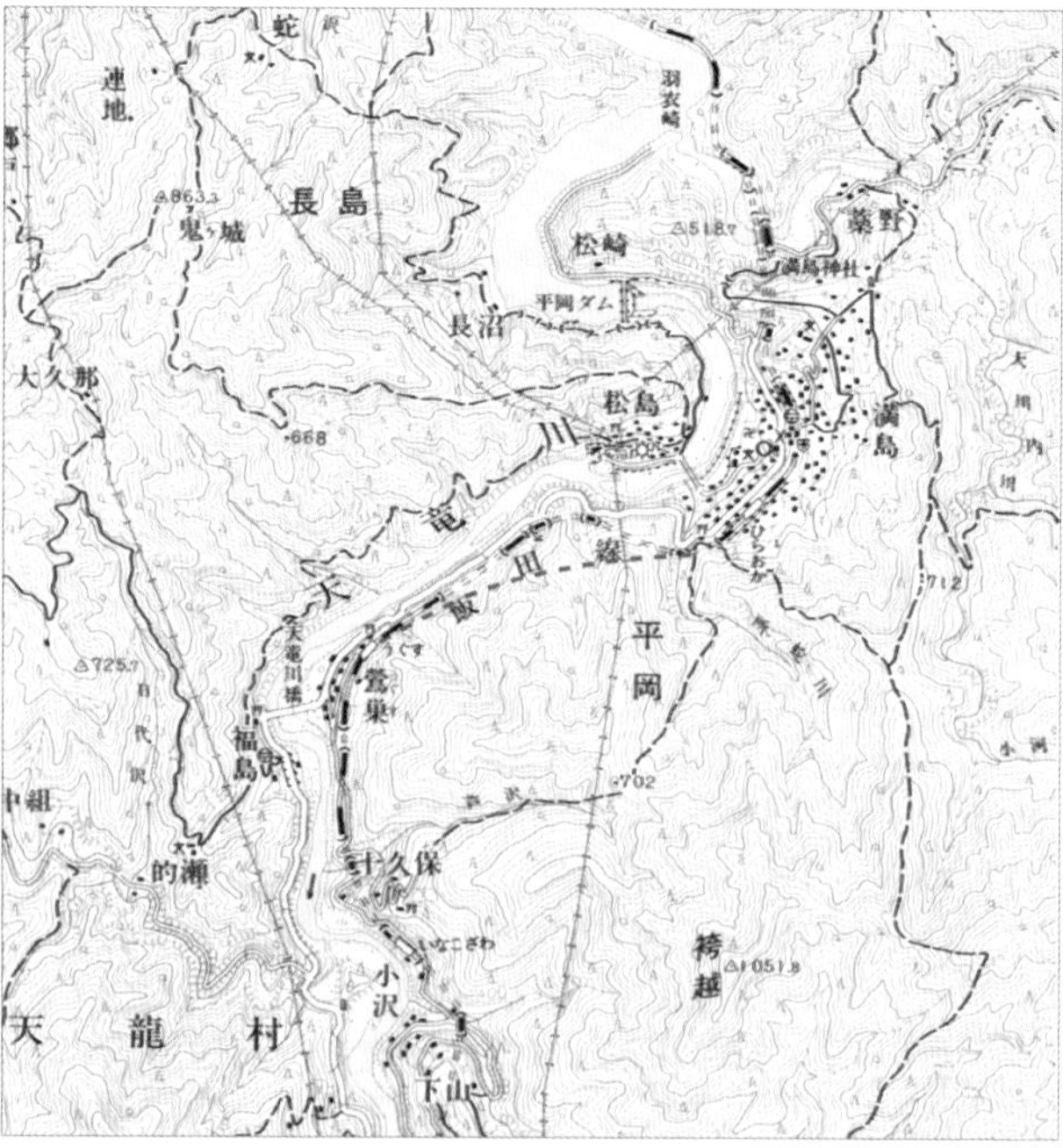

昭和40年代中頃の平岡―伊那小沢駅周辺の様子（1/5万地形図「満島」昭和47年編集）。平岡―鶯巣間は県道に沿った旧線が描かれている。1982年、短絡する藤沢トンネル経由の新線（赤点線）に切り替わった。現地には旧線の廃線跡が一部に残っている

らい人気だ。ティッシュペーパーや衣類洗剤といった日用品、村産の茶葉やみそも扱い、2001年4月の開店以来、日常的に通う村民は少なくない。

　多くは1人暮らしのお年寄り。中には店の前のベンチに腰掛けて話し込んだり、新聞を読んだりして半日過ごす人もいる。熊谷さんは「1人暮らしでは家でテレビを見るだけ。新型コロナで友達の家にも行きづらくなった人の息抜きの場所」と言う。

　前月の2月下旬、常連の高齢女性から「最近電話が鳴らないし掛けられない。どうしたらいい？」と相談された。熊谷さんは電話機が壊れたのかもしれないと思い、村役場などへ連絡。職員が駆け付け、電話機をいじるうちに直った。

　特急ワイドビュー伊那路の停まる村の中心駅だが、12年に無人駅となった平岡駅。5年ほど前の夏には列車を降りた若者に聞かれ、近くの廃線跡を紹介した。戻ると靴の中は水浸しで、ヒルが足に吸い付いていた。急いで塩を掛けて水で洗い流した。「売り物のサンダルを出世払いでね、って履かせてあげたの」

　自らを「世話好き」と言う熊谷さん。列車を降りた人に観光地を聞かれてタクシーを手配することもあれば、頼まれて村産の新茶を発送することもある。「ここはよろず相談所なの」。言葉に実感がこもった。

夏は天龍村特産の信州の伝統野菜「ていざなす」の季節。売店でナスを並べる熊谷さん＝2023年8月5日

夏限定の龍泉閣の人気メニュー「ていざなす定食」。縦半分に切ったナスを素揚げにして肉みそをかけた豪快な料理＝2023年8月5日

「花咲かじいさん」思い満開

伊那小沢駅周辺　咲き競う桜

「花びらの色が濃いね」

「こんなに咲いていて、びっくりした」

青空が広がった2022年3月16日、下伊那郡天龍村平岡の伊那小沢《こざわ》駅に花見客ら数人の声が響いていた。視線の先にあったのはホーム南側に植わる2本のカンザクラと1本の河津《かわづ》桜。この日も柔らかな日差しを浴び、咲き競うようにピンク色の花をほころばせていた。

伊那小沢駅は飯田線の前身・三信鉄道時代の1936（昭和11）年12月に開業した。記念植樹の桜を同村平岡中井《なかい》侍《さむらい》地区の羽田野七《はたのひち》郎平《ろうべい》さん（93）が株分けして増やし、信州で最も早く咲く桜として知られるようになった。この時季は陽気に誘われて村内外から花見客が訪れる。

伊那小沢駅のホームから蛇行する天竜川を眺める。奥に架かるのは、村中心部につながる水神橋＝2022年2月8日

花木栽培が趣味の羽田野さんは、天竜川を挟んで対岸にも別の種類の桜を植樹した。地元では毎年春に咲く一帯の花々を「七郎平桜」と呼ぶこともある。

この日、2駅飯田寄りの平岡駅近くでかつてホテルを経営していた遠山多寿子さん（84）＝飯田市＝もカンザクラ見物に訪れた。「今年初めて見た桜」と言う。小県《ちいさがた》郡長和町から家族で来た金子秀樹さん（66）は「まだ3月なのに」と驚いた。

「天龍村の花咲かじいさん」。地元でそう呼ばれる羽田野さん。例年2月に行われる天龍梅花駅伝でも、選手を歓迎しようと同村神原《かみはら》の国道418号沿いに早咲きの梅「冬《とう》至梅《じばい》」を植え、手入れをしてきた。今は村内の高齢者施設で過ごしている。

2本あるカンザクラのうち1本

は２０１７年の台風で根元から倒れたが、濃いピンク色の花を咲かせて強い生命力を感じさせる。今年も引き続き周辺を彩っています――。ウェブ会議システムのＺｏｏｍ《ズーム》で記者が伝えると「今年も立派に咲いてくれた」。花見客でにぎわう情景を思い浮かべ、表情を和らげた。

SONY

伊那小沢駅を彩るカンザクラ（左）と河津桜。陽気に誘われ、花をめでる人たちが訪れていた＝2022年3月16日

未来の自分は… 乗客に重ねて

中川村から飯田市に通う高校生

「おはようー」

雲一つない青空が広がった2022年4月5日午前7時半ごろ、下伊那郡松川町の中心駅である伊那大島駅に、高校生のにぎやかな声が聞こえてきた。ひっそりしていたホームは10分ほどで列車待ちの生徒でいっぱいになった。飯田OIDE長姫高校2年、米山竜《りゅう》伍《ご》さん(16)=上伊那郡中川村=は窓口で定期券を購入してから乗った。2年生になって初の登校日だ。

乗客の大半は飯田高、飯田風越高、下伊那農業高といった飯田市内にある高校に通う生徒。同市に近づくほど、2両編成の車内は混雑する。一緒に乗る同じ高校の友達は保育園からの幼なじみで、中学校の卓球部も一緒だった。

「ぎりぎりまで布団の中にいたい」と午前6時半ごろに起き、30分後に家を出る。中川村の自宅から自転車やバスを乗り継ぎ、伊那大島駅から乗車時間約45分、飯田駅も通り過ぎて鼎《かなえ》駅(飯田市鼎中平)へ。1年前は「意外と快適」と思いながら車窓の風景を眺めていた。今は飯田線に乗るのが「生活の一部」になっている。

いつも列車前方にいる乗客の3人の大人が気になる。中年女性の1人は市田駅から乗車。車内に響くほど大きな声で他の2人にあいさつし、会話する姿は楽しそうだ。「同じ会社の仲間かな。車内だけの友達かな」と想像する。

飯田の次、切石駅で乗り込む年配男性は、列車がホームに入ると、前方を指さし確認して乗車。駅に着くと誰よりも先にドアの開閉ボタンを押す。「駅員になりたかった

にぎやかな新学期の朝、大勢の高校生が伊那大島駅のホームに並ぶ。米山竜伍さん（中央グレーのマスク）も上り列車に乗り込んだ＝2022年4月8日午前7時33分

のかな。それとも元駅員の人なのかな。世の中、いろんな人がいて面白い」

そんな大人を見ていてふと将来の自分を考えることがある。両親のように真面目に働く社会人になれるのか。子どもの頃からものづくりは好きだ。授業でステンレスを加工して文鎮を作ったが、楽しくてわくわくした。そんなふうに過ごせる社会人になれるといいな——。うっすら思い描いている。

松川町の中心駅で、商店街にも近い伊那大島駅の駅舎
＝2023年8月9日

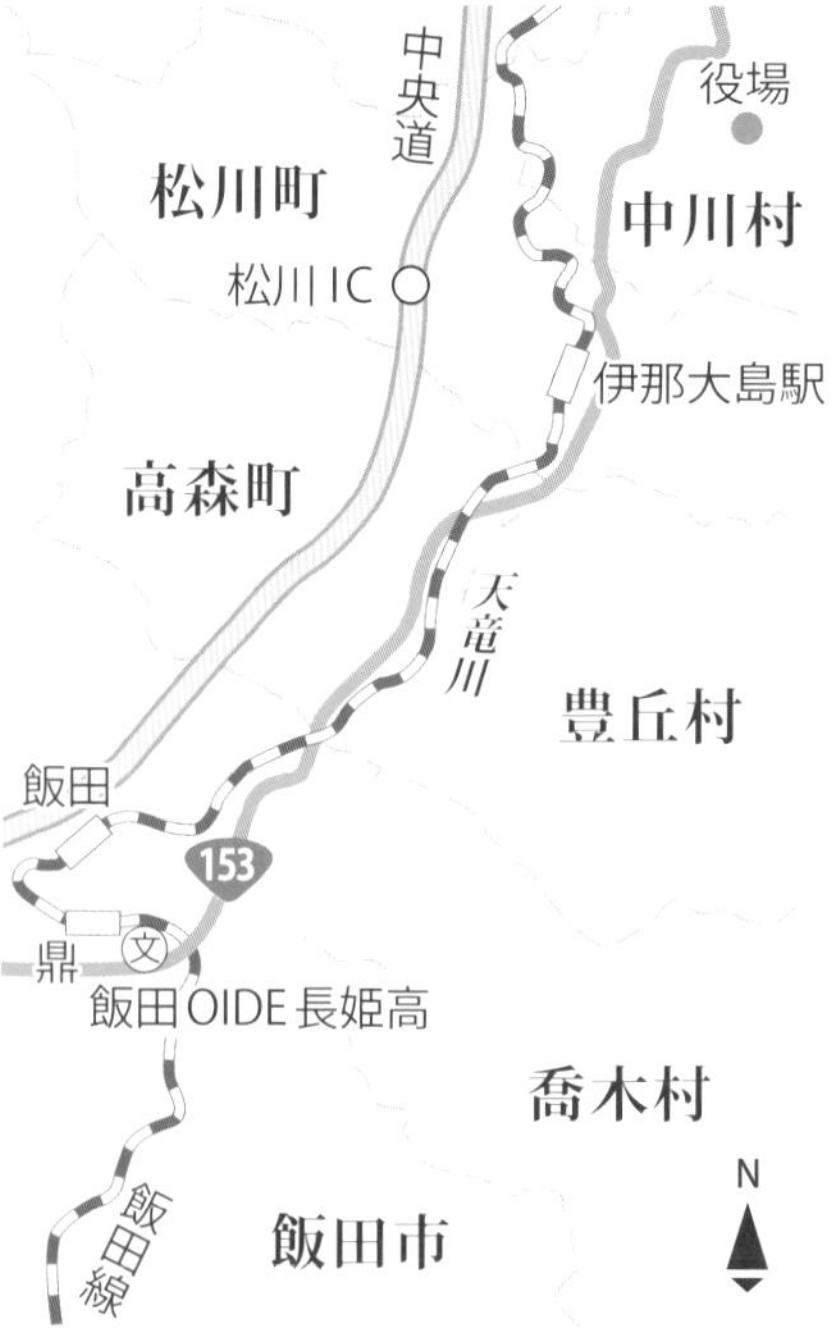

伊那大島駅のホーム。町の中心部を見下ろす段丘の
中ほどにある＝2023年8月9日

第2部

行き交うひと・もの・こと

観光の足として、生活の足として……。
季節の移り変わりとともに盛んになった人や物の往来と、
沿線の人々の思いを切り取る。

二十世紀梨の白い花が咲く中、伊那谷の春を楽しむかのように伊那本郷駅から普通列車がゆっくりと発車する＝2022年4月13日

旅情あふれる非日常の車窓

3両編成で満席の「秘境駅号」

　天竜川が眼下を流れ、ヤマザクラが点々と咲き誇る下伊那郡天龍村平岡の為栗《してぐり》駅。快晴となった２０２２年４月９日、ウグイスのさえずりや木の葉の音がかすかに聞こえるホームに、ＪＲ東海の観光列車「飯田線秘境駅号」が滑り込んだ。停車時間は11分。乗客約１７０人が一斉に降り、難読とされる駅名の表示板を撮影したり、近くにあるつり橋「天竜橋」に向かったり。再び客を乗せて列車が出発すると、のどかな光景が戻った。

　秘境駅号は、山深くアクセスが容易でない秘境駅が静かなブームとなったことを受け、ＪＲ東海が２０１０年から春と秋の行楽シーズンに運行。列車の本数が少なくて１日で多くを巡ることが難しい、主に天竜峡駅以南の駅に５～20分間ほど停車し、乗客は駅舎の外を散策することもできる。22年の春は３月26日から４月30日まで、土日を中心に上下10本を運行した。

　４月10日、記者は豊橋発飯田行きの秘境駅号に途中から乗車した。乗客の年代は子どもからお年寄りまで幅広く、３両編成の列車は満席。しばらくすると車内放送で「次は天龍村の大都会、平岡駅です」と聞こえてきた。為栗駅は「陸の孤島の秘境駅」、飯田市の天龍峡大橋は「飯田線のライバル三遠南信道の橋」と、アナウンスは続く。各駅の魅力を分かりやすく伝えるよう「乗務員自ら文言を考えている」とＪＲ東海の担当者は話す。

　夫婦で訪れた岐阜県大垣市の鈴村広敏さん（62）は「飯田線は初めて。旅行は車の移動が多いけれど、電車も風情があっていい」。千葉県流山市から知人と訪れた福田子竜《しりゅう》さん（30）は「車窓の眺めが風光明《めい》媚《び》。今度はゆっくり観光に来たい」。

　車ではたどり着けない田本駅や

平岡駅に到着した「飯田線秘境駅号」から、歓迎イベントのために乗客が降り立つ。ホームがあふれんばかりの人でで埋まるのは秘境駅号ならではの光景だ＝2022年4月10日

小和田駅、茶畑を見下ろせる中井侍駅……。秘境駅号の運行開始から13年を迎えた。旅情をかき立てる非日常感が、飯田下伊那地域に人々をいざない続けている。

金野駅のホームに降り、縁起の良い駅名標に触る乗客たち＝2022年4月10日

「飯田線秘境駅号」から降りてきた乗客でにぎわう為栗駅。眼下を流れる天竜川や山里の景色を11分間楽しんだ＝2022年4月9日

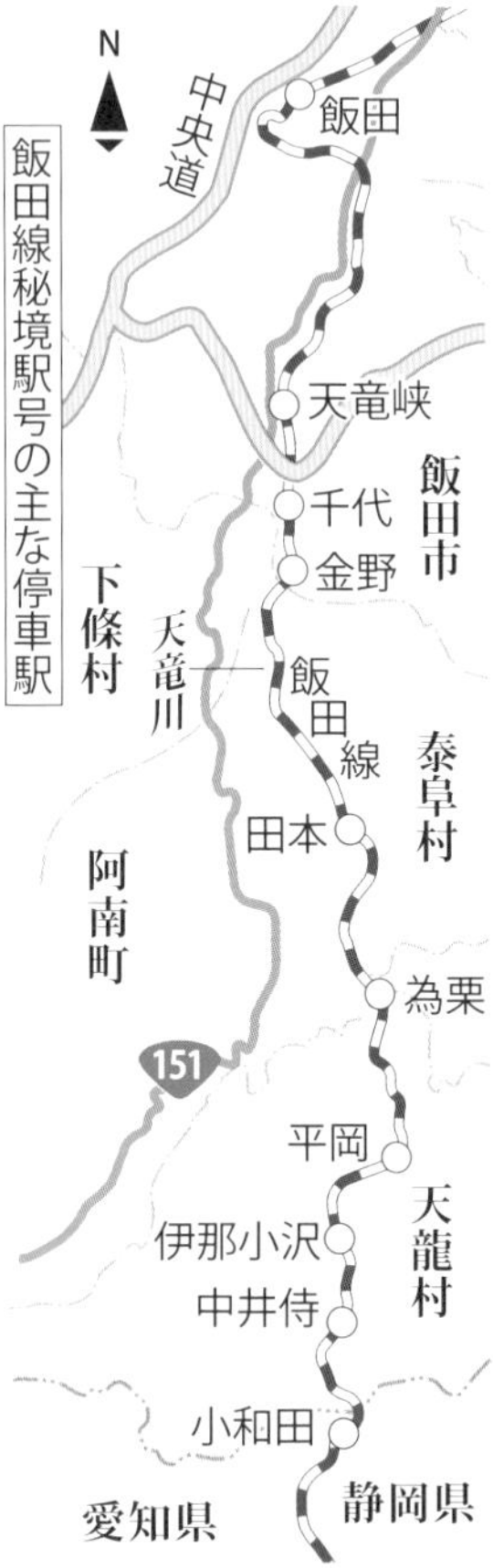

為栗駅を出てすぐ温田寄りに架かる万古川橋梁を渡る秘境駅号＝２０２２年４月９日

平岡駅での歓迎イベントを終え、飯田に向けて出発する秘境駅号に手を振る天龍村の関係者たち＝2022年4月10日

秘境駅号の先頭部分。小和田駅を描いたヘッドマークと走る列車のちぎり絵が掲げられていた＝2022年3月26日

専用貨車が運んだ実りと誇り

ナシ畑が広がる伊那本郷駅周辺

2022年4月16日、上伊那郡飯島町本郷の伊那本郷駅を囲むようにに広がるナシ畑は真っ白な花に覆われていた。農家は授粉作業に精を出し、駅のすぐ脇に二十世紀梨の木を35本ほど植えている地元の農業矢沢義正さん(77)も、腰に付けた缶に入る花粉を雌しべに一つ一つ塗って回った。みずみずしくて、さっぱりした味わいの二十世紀梨。「好んでくれる人たちのために良いナシを届けたい」と汗を拭った。

伊那本郷駅の脇のナシ畑で、高所作業車に乗って受粉作業に精を出す矢沢義正さん＝2022年4月16日

同町の郷土史研究家桃沢匡行《まさゆき》さん(90)は、駅から車で数分の約50アールに二十世紀梨を植えている。黒斑《こくはん》病に弱く、袋がけが2回必要と手間がかかる上、近年は幸水や南水といった甘みの強い品種が消費者に好まれる傾向がある。それでも、父の代から栽培を続ける二十世紀梨は、桃沢さんにとって今も〝ナシの王様〟だ。

子どもの頃は父を手伝い、二十世紀梨を詰めた1箱15キロの木箱を幾つもリヤカーに積み、伊那本

伊那本郷駅（右奥）のすぐ脇に咲く「ナシの王様」二十世紀梨の花。
矢沢さんらが授粉作業に精を出していた＝2022年4月16日

ナシ畑で二十世紀梨を収穫する矢沢義正さんと妻和子さん。ここでの収穫はこのシーズンを最後とし、木を伐採するという。春の名物だった車窓からの一面のナシの花も、もう見られない＝2023年9月2日

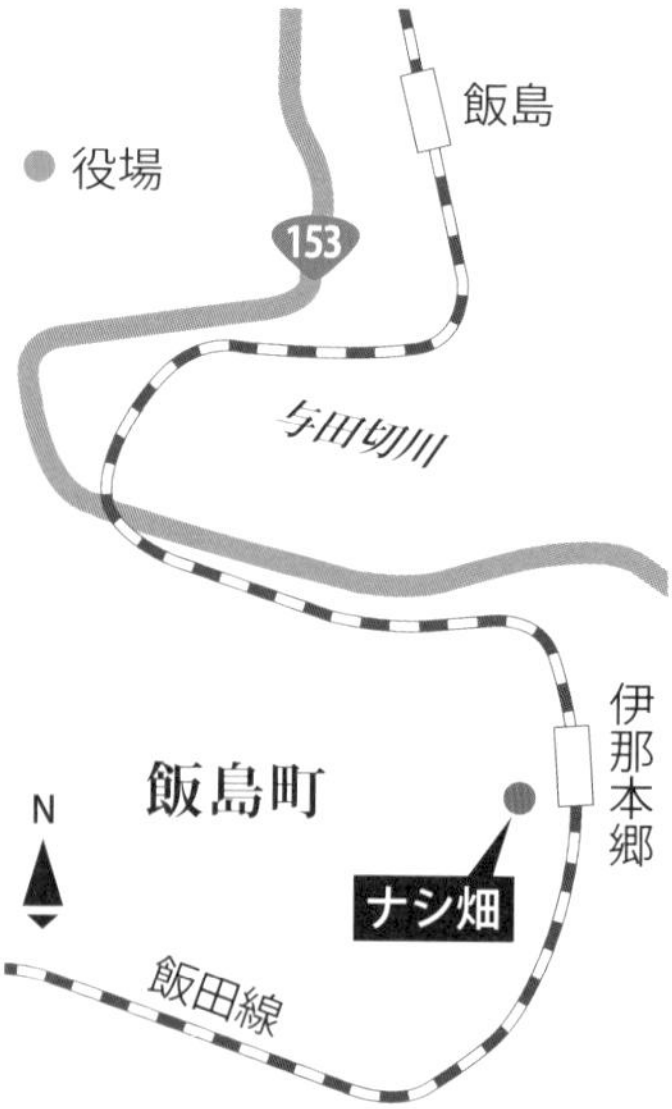

郷駅へ運んだ。当時は養蚕から転換した伊那谷の農家が、飯田線を利用して東京や愛知の青果市場へ盛んに出荷していた。

二十世紀梨の出荷期間は9月の約1ヵ月間に集中。農家が旧国鉄に専用貨車の運行を要望し、1931（昭和6）年に実現した。旧国鉄は主要駅でホームや線路の改良工事を行い、工事後は1日3本、10両編成の貨車が走るようになった。昭和30年代、伊那谷は鳥取に次ぐ一大産地に成長した。

「これを超える品種はこれからも出ないんじゃないか」と、二十世紀梨にほれ込む桃沢さん。トラック輸送の台頭で果物輸送の貨物列車は姿を消したものの、ナシ畑の間を縫うように走る列車が「伊那谷の人々の英知と努力と情熱」を今に伝えている。

「天龍下れば」華やぐ谷あい

唐笠港に川下り舟到着の調べ

「カーン、カーン、カーン」。2022年5月15日、下伊那郡泰《やす》阜《おか》村の唐笠駅付近の谷あいに甲高い音が響いた。天竜ライン下りの舟が駅近くの唐笠港に到着することを伝えるために舟をたたく音だ。港のスピーカーからは中野市出身の作曲家中山晋平（1887〜1952年）が作った民謡『天龍下れば』が流れ、華やいだ雰囲気が広がった。

運航するのは「天龍ライン遊舟《ゆうせん》」。半崎信弘社長（59）の父の故・保道さんが1966（昭和41）年に創業した。天竜峡駅に程近い天龍峡温泉港（飯田市龍江）を出発し、約

森閑とした天竜川の峡谷をゆっくり下る天竜ライン下りの舟＝2022年5月15日

新緑が鮮やかな天竜川べりにある唐笠駅(右)。民謡『天龍下れば』が流れる中、木製つり橋「長瀞橋」の跡(左端)が残る唐笠港に舟が到着した＝2022年5月15日(下條村側から撮影)

下條村と泰阜村の境に架かる長瀞橋から見下ろした天竜川と唐笠駅。ゆったりとした時間が流れている＝2023年7月29日

舟下りの港近くに寝そべる「猫駅長」は、推定11歳の港の飼い猫。舟が到着する時以外の港は静かだ＝2023年8月1日

舟下りの唐笠港の入り口と看板。踏切の向こうにすぐに駅がある＝2023年7月29日

10キロを最大50分ほどかけて下る。そびえ立つ岸壁や奇岩が見どころで、バス運行会社の信南交通（飯田市）が赤字を理由に撤退を表明し、その後、事業分割して新組織が事業継承した「天竜舟下り」会社と合わせ、「天竜川の舟下り」として飯田市の民俗文化財に指定されている。

この日、唐笠港対岸の下條村睦《むつ》沢《さわ》に暮らす福沢真吾さん（84）は妻美保さん（81）と舟の到着する様子を眺めていた。自宅前にはかつて木製のつり橋「長瀞《ながとろ》橋」が架かっていた。建設現場で働いていた真吾さんは55年間、その橋を渡って唐笠駅で列車に乗り、下山村《しもやまむら》駅（飯田市鼎下山）まで通った。仕事が空いた時は船頭を手伝い、休日には自分の舟を出してウナギを捕った。

1990年ごろは唐笠港で舟を降りた人が天竜峡へ戻るために列車を待ち、ホームは混雑した。「100人以上はおったな」。この場所で2人の娘を育て、孫6人とひ孫4人に恵まれた。「天竜川や飯田線、舟下りにお世話になった」と感謝する。

15年ほど前、天竜川を眺めることができるあずまやを自宅前に作った。住民が気軽に集まって絶景を楽しめるように――と考えた。美保さんは「天気の良い日にここでお弁当を食べたら最高だに」。唐笠駅の警報器の音が谷に響きわたり、特急ワイドビュー伊那路が通過すると、うれしそうに見やった。

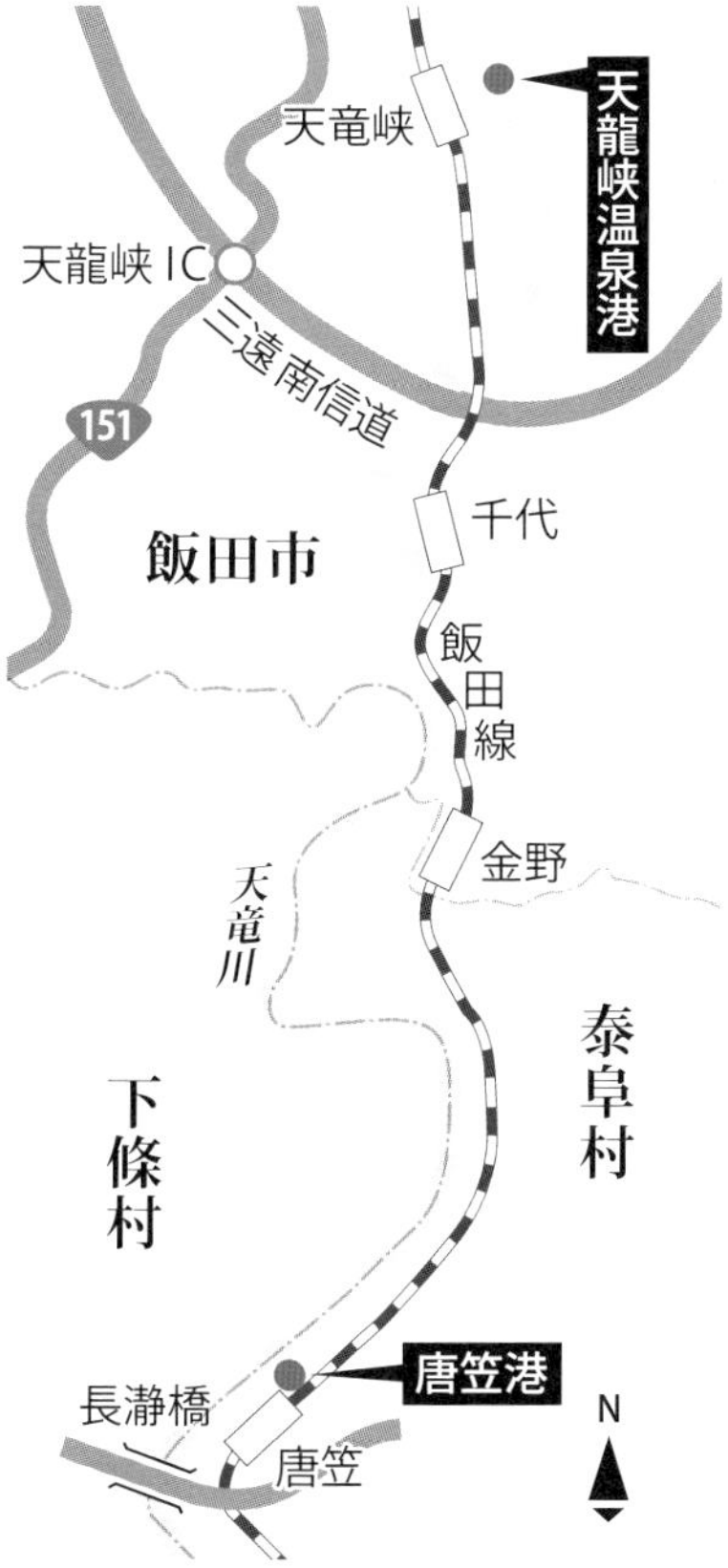

「キテキ一声」で口ずさんで

飯田線版『鉄道唱歌』の歌詞

下伊那郡天龍村平岡の平岡駅のホームに2022年6月7日、主に上伊那地域の60~70代の約60人がにぎやかに降り立った。伊那市教育委員会の市民講座「まほらいな市民大学」の受講者たちで、この3月に飯田線の歴史を学び「実際に足を運ぼう」と計画した日帰りの研修旅行。「まほら」とは、良い所、住みよい所の意味。駅近くの村文化センターなんでも館を訪れ、飯田線に関する展示に熱心に見入った。

目を引いたのは05年に書家でもある当時の大平巌《いわお》村長が『鉄道唱歌　飯田線』の歌詞を書き写した大きなトチノキの板。平岡駅に飾られていたが、数年前に同館に移された。「歌詞をたどると地元を紹介したい気持ちが伝わってきて、物語を感じた」と、「学生自治会長」を務める後藤芳和さん(76)=伊那市=は話した。

歌詞は1967(昭和42)年、線内主要駅の一つ、中部天竜駅の駅長を務めた鈴木貞二さんが考案した。全部で二十二番あり、「汽笛一声新橋を」で知られる『地理教育鉄道唱歌』(1900年発表)の旋律で歌えるよう、1フレーズ七・五調で作られている。

歌い出しは「豊橋乗りかえ船町と豊川下地を後にして—」で始まり、豊川稲荷や東栄町の花祭り、中部天竜、佐久間ダムなど愛知、静岡の各地を順番に紹介。十二番で長野県に入り「鶯巣鳴いてトンネルを通れば平岡駅とダム」と続いた後、天竜峡や元善光寺、つるし柿、リンゴ畑、高遠城など伊那谷の名所や名物を取り上げながら終点・辰野までの各駅を詠んでいる。

原本となる歌詞の書かれた文書は、天龍村平岡の大平智子さん

（67）宅の神棚に供えられていた。智子さんは「国鉄職員だった父が鈴木駅長からもらったもので、大切にしまってありました」と振り返る。

「観光資源の眠る秘境を七・五調のリズムにのせて鉄道唱歌、キテキ一声で口ずさんでいただきたい」。文書の末尾には、そんな鈴木さんの思いが詰まった言葉がつづられている。

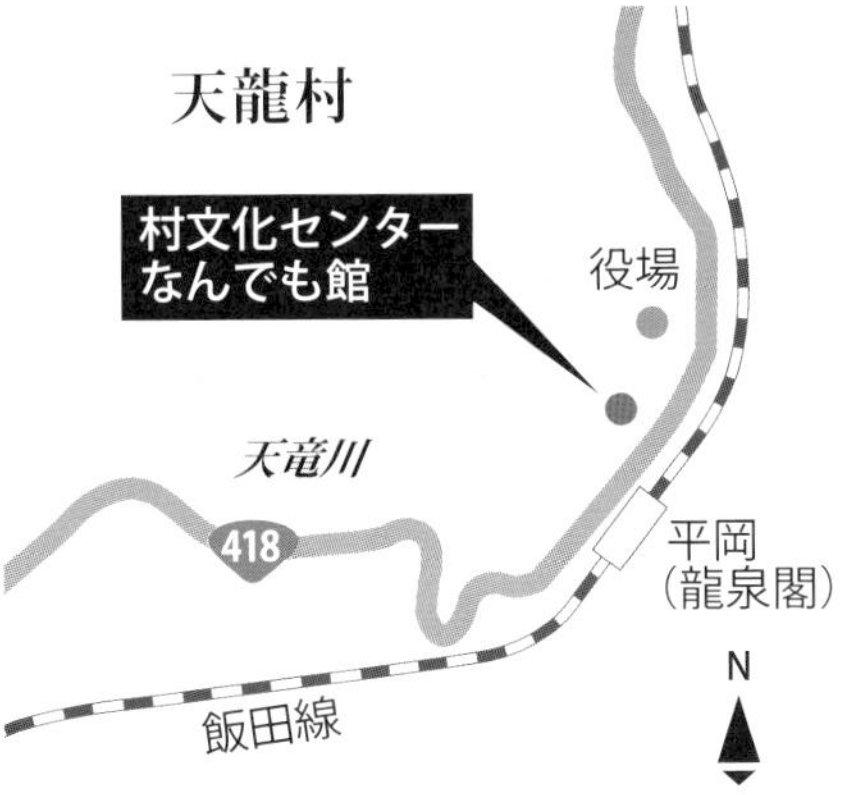

『鉄道唱歌　飯田線』の1番から22番までの歌詞が書かれた板。研修旅行で訪れた「まほらいな市民大学」の受講者が熱心に見入っていた＝2022年6月7日

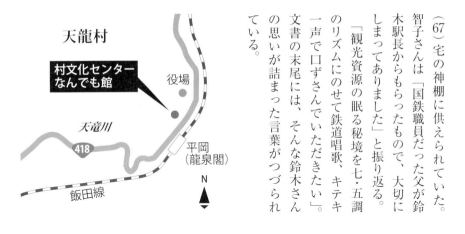

鉄道唱歌　飯田線

昭和42年5月13日
作詞　鈴木貞二（元中部天竜駅長）

＊は現在の実際の駅名

一
豊橋乗りかえ　船町と
豊川　下地を後にして
醤油とパイル　小坂井を
過ぎれば牛久保　家具の町

二
豊川稲荷の名刹《めいさつ》に
商売繁盛　一ノ宮＊1
頼んで長山　本宮山
江島　東上《とうじょう》　野田の城＊2
＊1三河一宮　＊2野田城

三
桜の名所の桜渕
新城駅の移動式
ホームに見とれて新町＊を
越せば行く手に古戦場
＊東新町

四
戦国武将の若き日は
茶臼山に東郷＊に
野心　大海《おおみ》と鳥居をば
くぐりし所は長篠城
＊三河東郷

五
寒狭《かんさ》の流れや　板敷の
流れも清き鳳来峡《ほうらいきょう》
仏法僧《ぶっぽうそう》をば尋ぬれば
本長篠から鳳来寺

六
阿寺の七滝　大野駅＊1
赤引温泉たずねつつ
出湯《いでゆ》の町の湯谷＊2の駅
槙原＊3　砕石　柿平
＊1三河大野　＊2湯谷温泉　＊3三河槙原

七
深山《みやま》　石楠花《しゃくなげ》　宇連《うれ》のダム
乳岩峡《ちいわきょう》は呼んでいる
三河川合のハイキング
池場　東栄　花祭り

八
出馬《いずんま》　上市場　浦川と
進めば大千瀬《おおちせ》　振草《ふりくさ》の
銀鱗躍る鮎の里
大入《おおにゅう》渓谷　尋ぬべし

九
一重の山吹　素朴なる
早瀬　下川合　急ぎつつ
行けば日本三大の
中部天竜　佐久間ダム

一〇
久根の鉱山　右に見て
トンネルくぐれば相月《あいづき》に
城西《しろにし》　向市場《むかいちば》　水窪《みさくぼ》と
留《とど》める水は又もダム

一一
山と崖との大嵐《おおぞれ》の
下を流れる天竜に
網を張りつつ太公望
鯉は思案の外なれや

一二
小和田《こわだ》や中井に侍《さむら》＊へば
既に信州　伊那小沢
鶯巣《うぐいす》鳴いてトンネルを
通れば平岡駅とダム
＊中井侍

一三
為栗《してぐり》　温田《ぬくた》の峡谷や
田本を過ぎて門島《かどしま》を
行けば唐笠　金野《きんの》　千代

すぐれた景色の天竜峡
一四　右岸の川路に鵞流峡《がりゅうきょう》
時又　駄科《だしな》　毛賀《けが》するな
伊那の八幡＊1に鼎《かなえ》んと

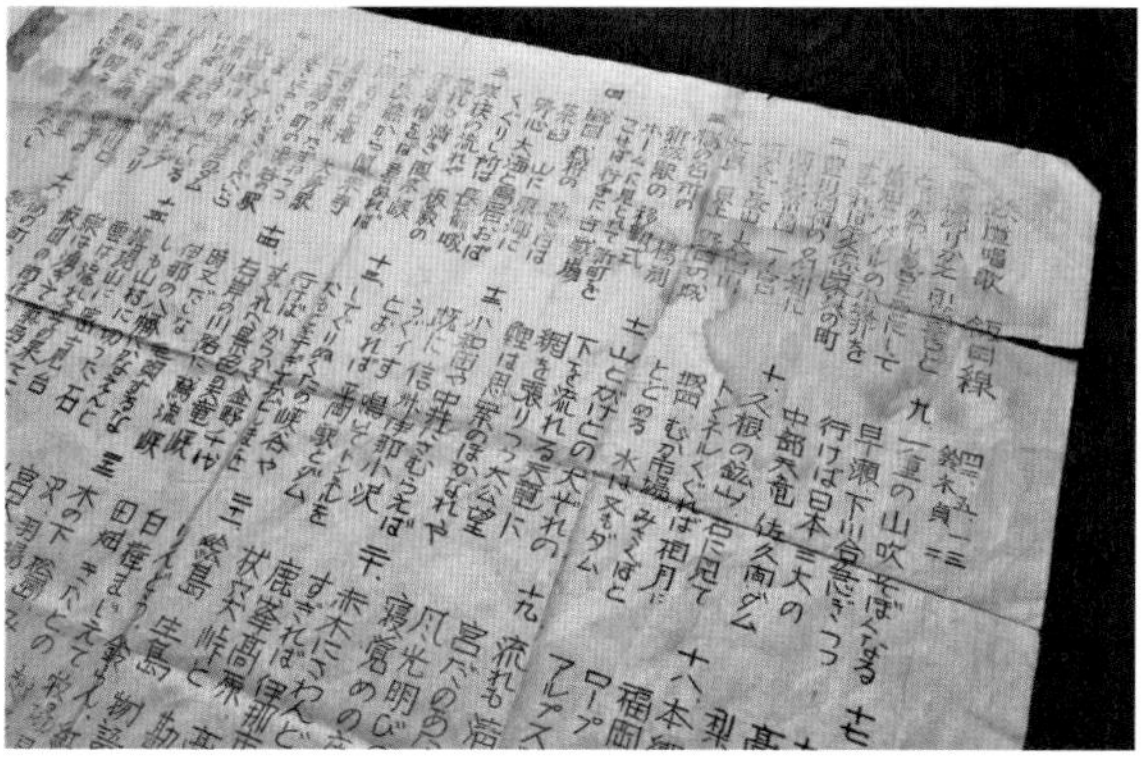

鈴木駅長が作詞した『鉄道唱歌 飯田線』の原本。謄写版印刷の半紙で、神棚の奥に備えられていた

下山村に切った石＊2※
＊1伊那八幡　＊2切石
※正しい駅順は下山村→鼎→切石

一五　権現山に富士見台
雲は流れるその果てに
泉は湧きて気品あり
飯田の街はここなれや

一六　桜の町＊1や上郷＊2を
越えれば元の善光寺＊3
由緒を聞きつつ吊《つ》るし柿※
天竜下りの市田駅
＊1桜町　＊2伊那上郷　＊3元善光寺
※下市田が省略されている

一七　下平　山吹　りんご畑
大島＊　片桐＊　伊那田島
高遠原を見渡せば
梨の七久保　千人塚
＊1伊那大島　＊2上片桐

一八　本郷＊1　飯島　田切から
福岡＊2　小町屋　駒ケ根の

ロープウェイと菅の台
アルプス駒も指呼の間
＊1伊那本郷　＊2伊那福岡

一九　流れも清き大田切
宮田の辺りの発電所
風光明媚の伊那峡は
寝覚の床と二十キロ

二〇　赤木に沢渡《さわんど》　下島を
過ぎれば伊那市　伊那北の
鹿嶺《かれい》高原　高遠城
杖突《つえつき》峠と勘太郎

二一　絵島生島　物語り
りんどう鈴蘭　紅葉と
白樺交えて牧場見つ
田畑　北殿　越えにけり

二二　木ノ下　松島＊1　箕輪町
沢　羽場　新町＊2　はるばると
宮木を通って辰野駅
山と川との四十九里
＊1伊那松島　＊2伊那新町

（注）基となる資料の表記、歌詞の内容にばらつきがあるため、編集部判断で表記等を整理しました

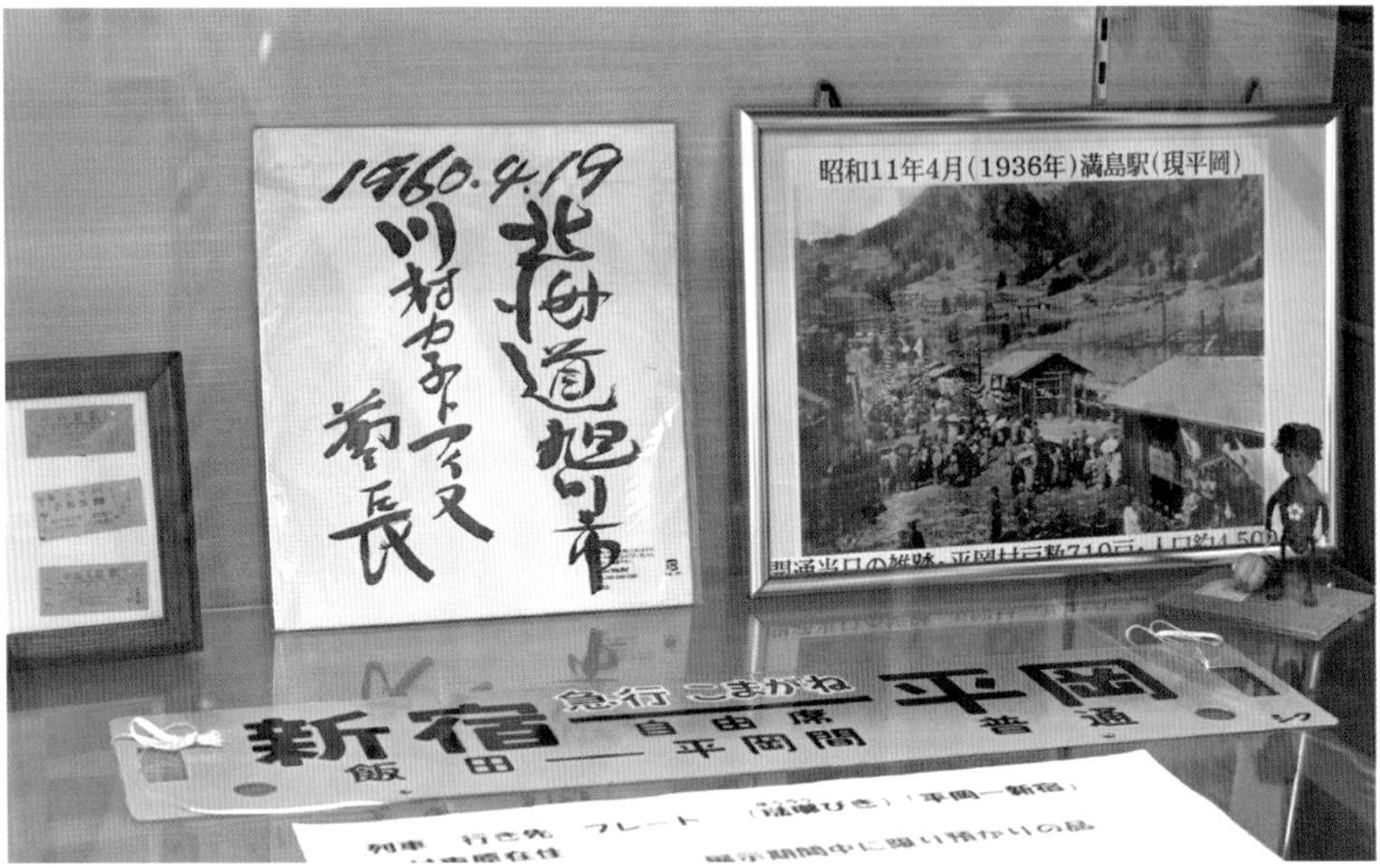

平岡駅併設の「龍泉閣」では、飯田線や天竜峡―三河川合間の前身・三信鉄道に関する展示を常設。この険しい区間の測量に携わったアイヌの川村カ子トの色紙もある＝2023年8月5日

三信鉄道の歴史をたどる大型パネルは2023年1月に設置。現在と三信時代の写真を見比べられる工夫も。そのほか、建設同時の貴重な写真も展示している＝2023年8月5日

住民ら集う「大切な場所」

辰野駅隣のフューチャーセンター

「このタマネギはいくら?」

「かわいい絵だね」

飯田線の長野県側起点、上伊那郡辰野町の辰野駅。2022年6月18日、10時57分発天竜峡行きの普通列車が出発するホームの近くから、楽しげな雰囲気が伝わってきた。駅舎の隣にあるまちづくり拠点「信州フューチャーセンター」で、野菜や小物などを販売する「えんがわまるしぇ」に人だかりができていた。

同センターは、町が2016年10月にオープン。学生の力を借りて町内企業の課題を解決する実践型インターンシップ(職業体験)の事業の拠点だ。異業種の人が集まって情報交換しながら仕事するコワーキングスペースやカフェもあり、町民の困り事相談の場にもなっている。

20年10月から開かれている「えんがわまるしぇ」は、中央東線と飯田線が乗り入れる同駅に隣接する立地を生かして始まった。新型コロナウイルス下の前年は全13回のうち4回を中止したが、22年は5月に再開。9、10、11月にも開いた。

この日は11店が出店。二つのテントの下に、チキンカレーやおにぎり、おやき、朴葉《ほおば》巻き、ポストカードや小雑誌などが並んだ。同町の

飯田線の長野県側起点、辰野駅。塩嶺ルート開通の代償として40年前に建て替えられた。左奥に見えるのが「信州フューチャーセンター」が入る建物=2023年8月1日

信州フューチャーセンターで開いた「えんがわまるしぇ」の出店者に教わりながら、食べ物シールを弁当箱の紙に貼って遊ぶ子どもたち＝2022年6月18日

赤沼史麻《しま》さん（41）は子どもとアクセサリー作りに挑戦したり、パフェを食べたり。「いろんな体験ができて子ども連れに良い場所です」

東京都内から辰野町に21年にUターンして絵のアトリエを構えた漆原さくらさん（29）は3回目の出店。ポストカードや手作りの月刊誌を販売した。

自転車で訪れて買い物袋を手に野菜を品定めするお年寄り、幼児の手を引きながらゆっくり歩く家族連れ、浴衣を着た女の子……といったように来場者の大半は地元住民。漆原さんは「地元の人たちと交流でき、絵を伝える実感を持てる大切な場所」と笑顔を見せた。

フューチャーセンターの看板は群馬県嬬恋村の廃材アーティスト高橋耕也さんが、辰野町内の廃材を使って制作＝2021年10月11日

「上伊那に通そう、リニアの夢」の看板。フューチャーセンター前の辰野駅駐輪場に掲げられたままになっている＝2023年7月28日

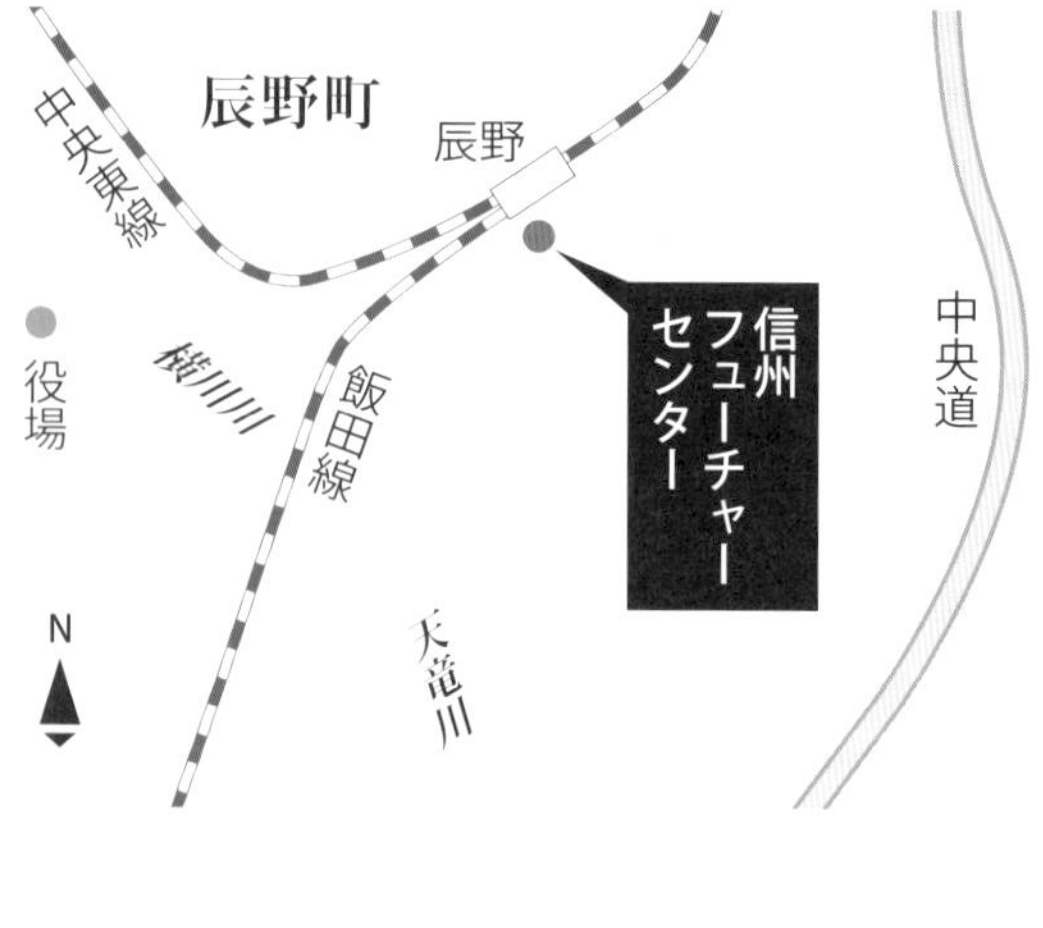

山下清が目にした眺め

飯田線と天竜川を望む高台

2022年7月1日、下伊那郡高森町山吹の座光寺《ざこうじ》睦《むつみ》さん（90）を訪ねると、白黒写真を見せてくれた。放浪画家と呼ばれる山下清（1922〜71年、東京生まれ）が着物姿で睦さん宅の前の細い道を散歩する様子が写っていた。

〈電車道の向《むこ》うの方に天龍川が流れて居《い》るので其《そ》の向こうの方には山が見えて居るので此所《ここ》で腰をおろして休んで景色を見て居ると此所は静かで気持ちがいひので――〉

清が座光寺家でのひとときをつづった文の一節だ。細い道を5分ほど歩くと、近くの下平駅から延びる飯田線と天竜川を見渡せる高台があり、清が目にしたであろう光景が広がっていた。

22年3月に生誕100年を迎えた。1939（昭和14）年に東京・銀座の画廊で作品を発表、画壇に登場した。54年5月、東海道本線で旅し、豊橋駅で「飯田線で景色のいい所は天竜峡だ」と聞いて北上。睦さんの義父の故為一《ためかず》さんと飯田駅で出会い、自宅に招き入れられた。

「体中シラミだらけで家に上げられないから着物を煮て消毒した」。為一さんの話はいつもこのエピソードからだった――と、その後嫁いだ睦さんは振り返る。普段はおどおどした話し方でも、座敷で花の絵を描く姿は「凝視する顔で引き締まる、と聞きました」。

睦さんは穏やかにほほ笑む。「清さんがここにいたのはずいぶん昔。知る人も少なくなりました。それでもうちの大切な思い出です」

高台へ続く細い道を散策する山下清（座光寺睦さん提供）

高森町の下平─市田間を行く列車を高台から望む。対岸は豊丘村。段丘の下に降り、天竜川に沿った直線区間でスピードを上げる＝2022年7月1日

山下清が立ったであろう高森町の高台からは、夏空の下を走る飯田線の列車（右下）と天竜川を見下ろせる＝2022年7月1日

うちの山下清作品？　そっくり！

千葉の男性所有『天龍川の風景』

連載「伝う鉄路と物語　飯田線」で、画家山下清（１９２２〜71年）を取り上げた回の写真と、千葉県の会社員片桐幸太郎さん（52）が所有する絵の風景がそっくりだ——との声が、本紙に寄せられた。清は１９５４（昭和29）年夏、下伊那郡高森町の座光寺睦さん（91）宅で約1カ月間滞在し、創作に励んだ。絵はそのうちの1枚とみられ、片桐さんは「この絵を持ち、清が立った高台で景色を眺めたい」と話している。

絵はオイルパステル画。裏に『天龍川の風景　出来上がった日（昭和二十九年七月四日）山下清』との鉛筆書きと母印があるものの、真贋は不明。一方、２０２２年7月14日付の「伝う鉄路―」の写真は、清の手記にあった〈電車道の向うの方に天龍川が流れて居るので―〉のくだりをヒントに記者がたどり着いた、同町の高台から天竜川を望む様子を撮影。絵と見比べると、写真左側のうねる天竜川や尾

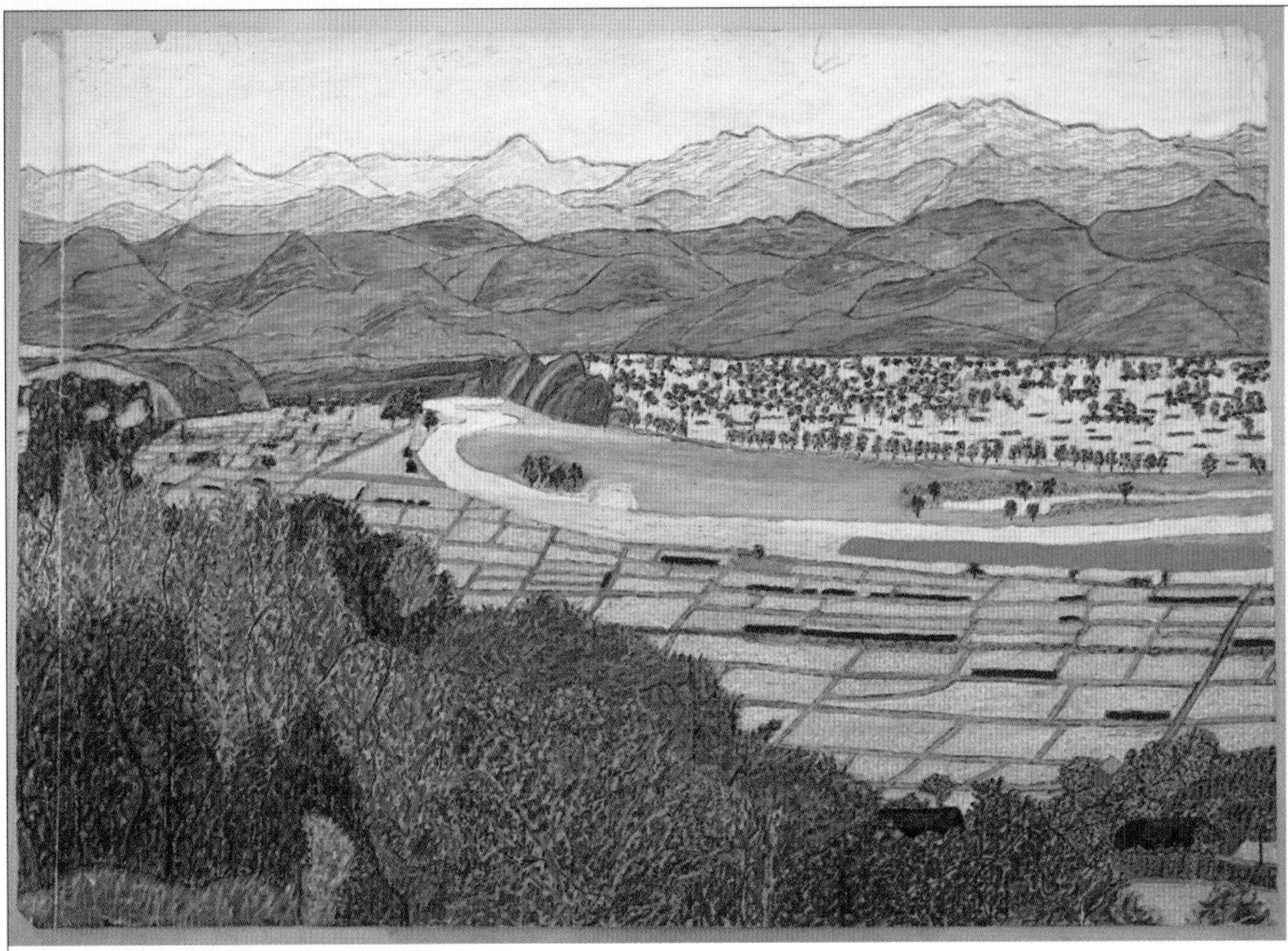

片桐幸太郎さんが所有している絵『天龍川の風景』。天竜川のカーブや向こうに連なる山並みの姿などが右ページの写真とよく似ている

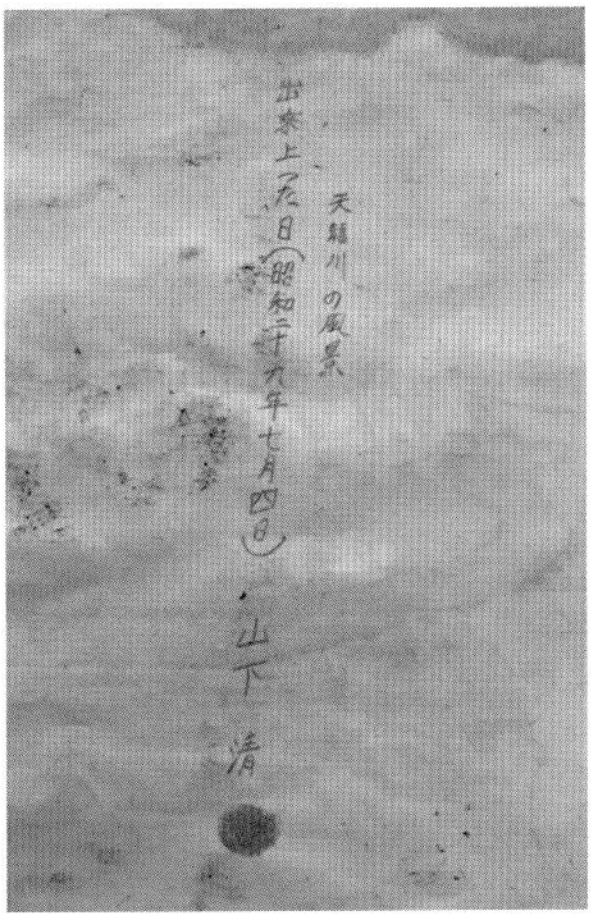

絵の裏には題名と出来上がった日付、清の名前が書かれ、母印も残っている

根筋の形状が似ている。

片桐さんは信毎デジタルで紙面の写真を目にし、「私の絵と同じ風景だ」とくぎ付けになり、信濃毎日新聞社飯田支社に連絡。絵は5年ほど前に古物商から購入したものという。片桐さんは「やわらかなタッチの中に葉を一枚一枚描く力強さが同居する、じっくり描き込まれた作品。大変気に入っています」と話す。

座光寺さん宅には清の絵が何枚かあったが、学校に貸し出すなどするうちに行方不明になってしまったという。7月12日は清の命日。座光寺さんは「わが家から見た風景の絵が出てきたことは素晴らしいこと。感慨深い」としている。(23年7月12日付本紙掲載)

座光寺家に滞在中、花の絵を描く山下清（座光寺睦さん提供）

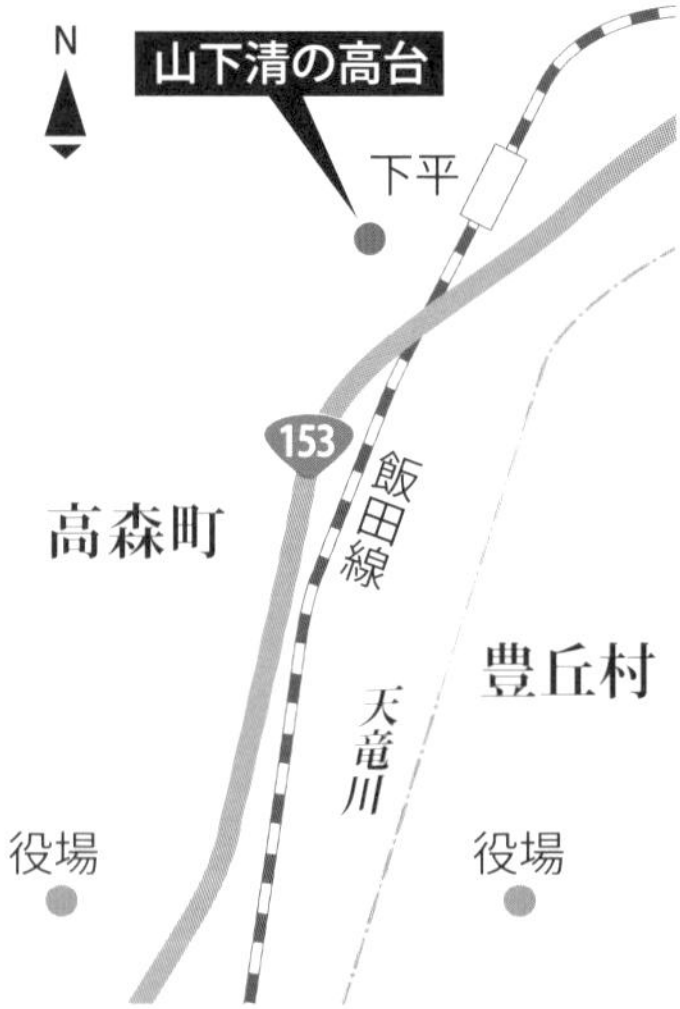

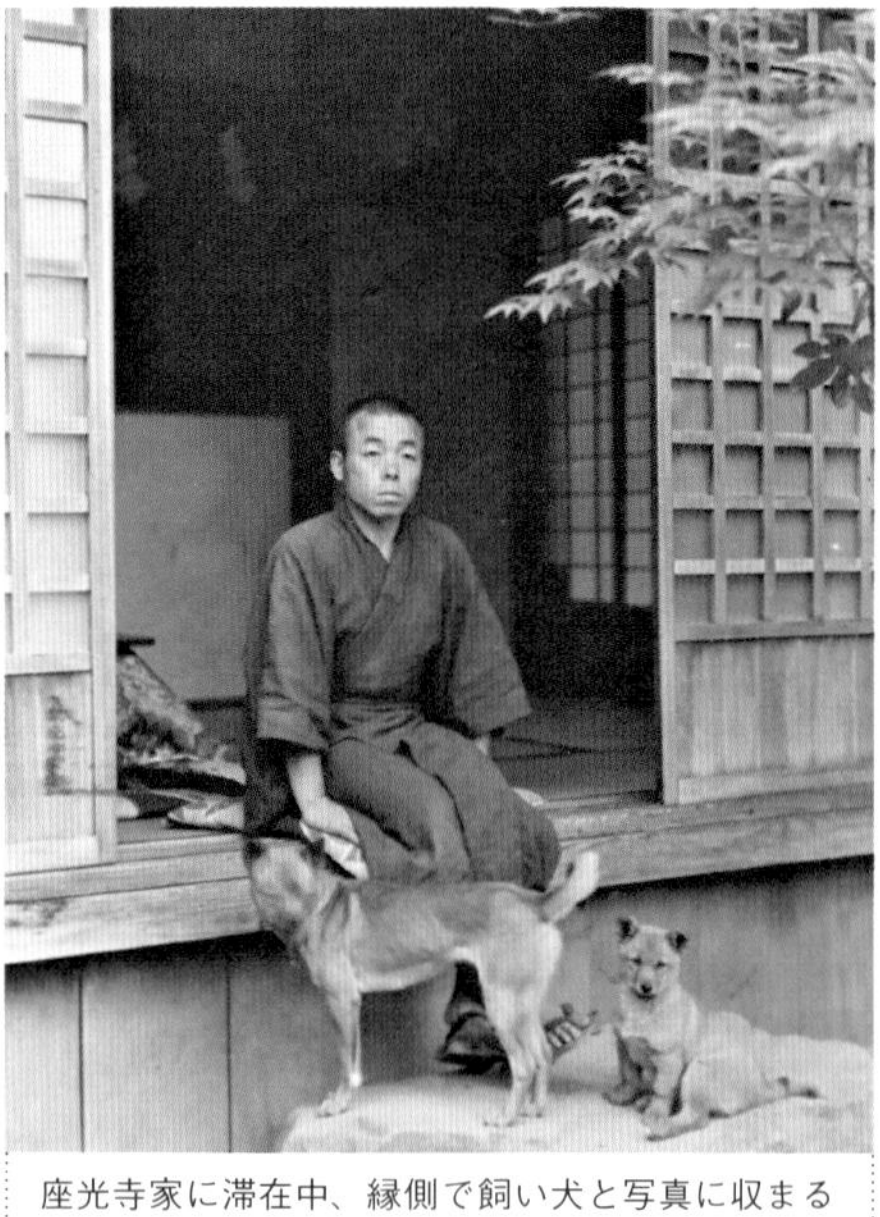

座光寺家に滞在中、縁側で飼い犬と写真に収まる（座光寺睦さん提供）

ジオラマを囲んで夜な夜な語らう

天竜峡駅近くのクラブハウス

天竜峡駅近くにある飯田市川路の工場跡地。2022年7月26日午後7時過ぎ。明かりがともった内部で、飯田下伊那地域の鉄道好きでつくるJR東海ファンクラブのメンバーが飯田駅の雰囲気を再現したジオラマを囲んで談笑していた。

ここはクラブの拠点となる「クラブハウス」。ジオラマには実物の80分の1サイズの鉄道模型「HOゲージ」を使用している。クラブの副会長の一人で、同市伊豆木の電器店経営代田芳実さん(79)は「ゆっくり動かすと雰囲気があるんだよ」と目を細めた。

約300平方メートルの展示スペースには他に、小型の「Nゲージ」の鉄道模型、駅名標、新幹線の運転台、機関車のプレートとさまざまな品が並ぶ。年4回、多くの人に活動に興味を持ってほしいと一般公開している。

クラブは1987年4月の国鉄民営化の直前、当時の飯田駅長から創設を進められた代田さんらが中心となって発足した。91年、中部天竜駅構内に完成した車両展示施設「佐久間レールパーク」の開館行事でJR東海初代社長(現顧問)の須田寛さんに面会した際、クラブ名に社名を付けたことの了解を得た。現在も同社〝公認〟で活動。会員は現在39人で小学生や大学生、JR東海社員も所属する。

代田さんは20歳の頃に蒸気機関車を見て鉄道ファンになった。毎日、仕事を終えると、窓越しに天竜峡駅のホームを眺めることがで

JR東海ファンクラブのロゴマーク

さようなら
旧型電車
58.7
祝
119系電車
S58.2.14
運転開始
さようなら
クモハ52型電車
53.11.19
さようなら
飯田線
EF10
58.3.25
回
送
全国秘境駅
第4位
JR東海ファンクラブ
JRTFC
EF58122
H17.12.4
さくら
SAKURA
ファミリー

JR東海ファンクラブのクラブハウス内。展示スペースに置かれた鉄道模型を前に集まった会員で代田さん（右から2人目）らが談笑する。壁には駅名標やプレートが所狭しと飾られている＝2022年7月26日

JR 東海ファンクラブのクラブハウス近くにある天竜峡駅＝2023年8月5日

天竜峡駅の構内に隣接する JR 東海ファンクラブのクラブハウス。工場跡の建物を利用している＝ 2023年8月5日

きるクラブに出向き、何をすることなく過ごす。そして夜になると仕事帰りの会員が三々五々集まり、珍しい列車が飯田線を走るといった情報や撮影旅行の話題で会話を弾ませる。「鉄道好きには一番いい場所です」。あすはどの仲間が来るんだろうか。

にぎわう日常風景が戻った
辰野・横川橋梁の被災から1年

2022年8月9日の午後3時ごろ、上伊那郡辰野町の辰野―宮木間の横川川に架かる「横川橋梁」下流で、大勢の親子連れがはしゃいでいた。国土交通省天竜川上流河川事務所（駒ヶ根市）が開いた水生生物の調査会。浅瀬が多い横川橋梁周辺に、水遊びや魚捕りをする人でにぎわう日常の風景が戻っていた。

横川橋梁は21年8月中旬の大雨で線路設備が被災。橋脚が傾き、線路も「く」の字になった（24ページ参照）。元の橋は1909（明治42）年に建設され、延長90メートル、幅4メートル。自宅が近い水野晃宏さん（78）は被災の日の午後8時、夕飯を終えたころに「ドーン」という激しく大きな音を聞いた。翌日朝に横川川を見に行くと、損傷した橋梁に濁流が押し寄せていた。

その日から「記録写真」を撮り始めた。仮設の橋脚の設置、傾いた橋脚の撤去、新しい橋脚の建設……。折に触れてシャッターを切った。JR東海は橋脚を仮設して21年11月15日に仮復旧し、約3ヵ月ぶりに全線で運転を再開。さらに新しい橋脚は22年6月に完成し、本復旧した。

水野さんの最後の撮影は新しい橋脚がほぼ完成した同年5月30日。撮りためた写真35枚を選び、アルバムにした。この地で暮らして約70年。「こんな災害は今までなかったし、これからもあってはいけない。日常が続くように」と願っている。

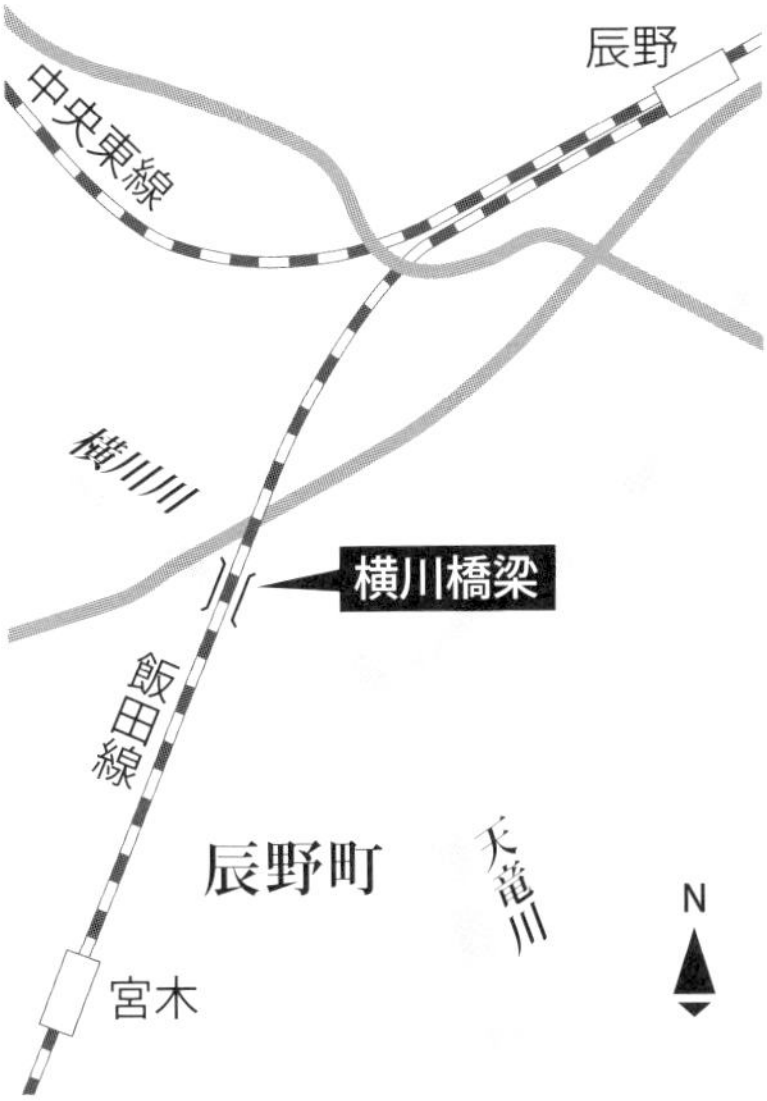

橋脚が造り直され、新しく完成した横川橋梁（奥）。列車を背に、親子連れが横川川の浅瀬で水生生物を調べていた＝2022年8月8日

被災から１年を経過した横川橋梁。橋脚はコンクリートで造り直されて完全復活した＝2022年8月3日

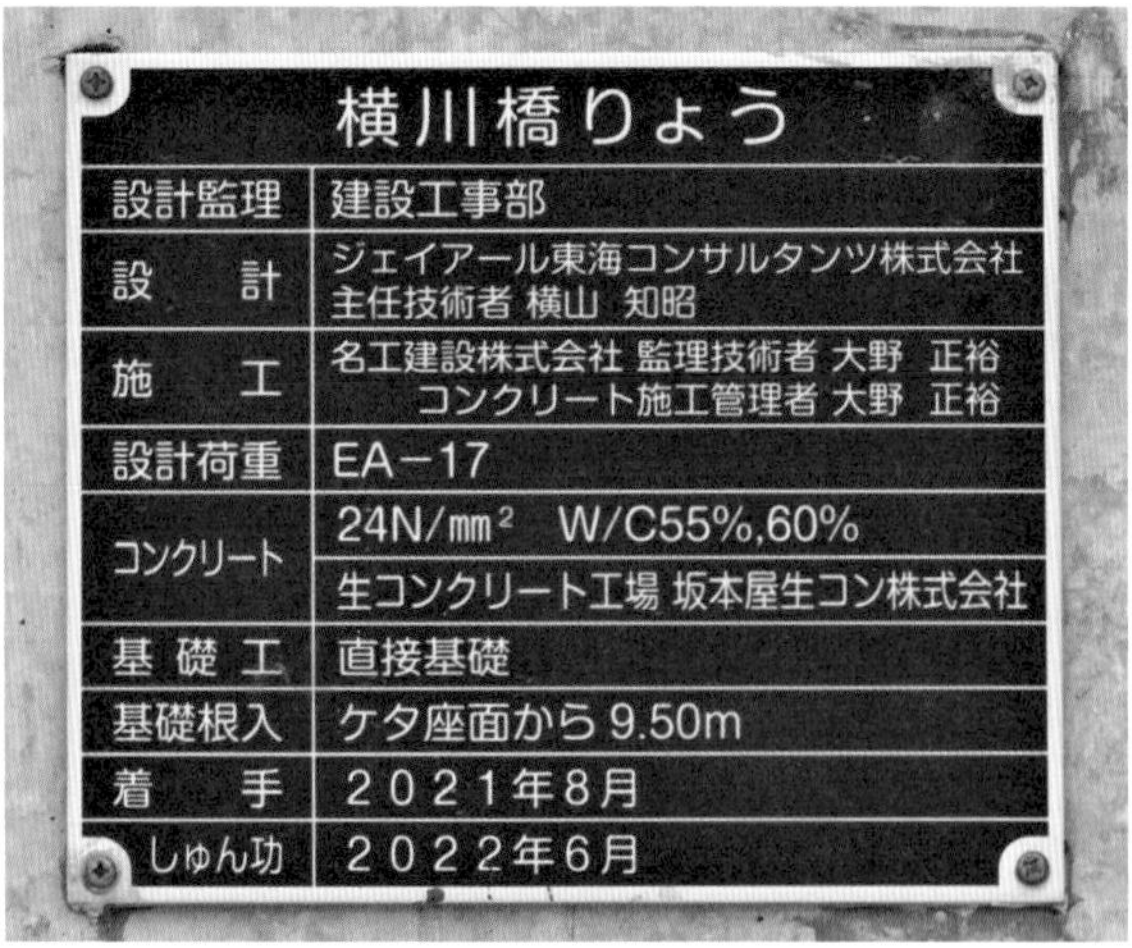

新しくなった横川橋梁の銘板。被災の月に着工、完成（しゅん功）は2022年6日とある＝2022年7月28日

辰野駅0番線

0番線から飯田線の一番列車、6時16分発の上り天竜峡行きが出発。行き止まりのこのホームから発車する唯一の列車＝2023年8月10日

時刻表。飯田線の一番列車の乗り場は「0」と表記＝2023年7月28日

辰野駅ホームの乗り場表示。1～2番線は中央東線の直通列車が入る＝2023年8月10日

飯田線の正式な長野県側の起点は辰野駅。1983年の中央東線塩嶺ルート（岡谷―塩尻間）の開通までは、同駅にも松本―新宿間を結ぶ特急「あずさ」や急行が停車、飯田線との乗り換えや分割・併合する拠点駅としての役割を果たし、駅弁も売られていた。しかし、優等列車が塩嶺トンネル経由になると飯田線との乗り換え駅の機能は岡谷に移り、辰野は飯田線の〝途中駅〟になった。ただし、JR東海と東日本の乗務員は辰野駅で交替する。

　辰野駅の駅舎西側にある0番線は、飯田線が頻繁に発着していた頃の名残で車止めのある行き止まりの切り欠きホームになっている。2023年9月現在、このホームを発車するのは早朝6時16分発の天竜峡行き始発のみとなっている。なお、岡谷駅にも飯田線発着用の0番線がある。

揚花火―鎮魂の願い紡いで
3年ぶりの飯田時又灯ろう流し

2022年8月16日、飯田市時《とき》又《また》の天竜川沿いで開かれた送り盆の行事「飯田時又灯ろう流し」。新型コロナウイルスの流行で20年から2年連続で中止されていた。午後7時15分、時又駅近くの踏切脇から空を見上げると、鎮魂の願いを込めた花火の打ち上げが3年ぶりに始まった。

記者はこの日、飯田駅から列車で向かった。次の切石駅では浴衣姿の人が乗り込んだ。時又駅に降り立った人の多くは花火を見物し、歩いて5分ほどの天竜川に灯籠を流そうとする家族連れだった。

乗客の中に、天竜峡駅から訪れた千葉県船橋市の大島茂美さん（54）の姿もあった。飯田市龍江の実家で暮らしていた父が2月に他界。家族や親戚で集まって灯籠を流し、「父が大好きだった花火を見せてあげられて本当に良かった」と目に涙を浮かべた。

近くに住む伊原聡《とし》さん（76）は3年ぶりの開催に胸をなで下ろした。故人をしのび、病気や災いも一緒に流すとされる灯籠流し。1929（昭和4）年8月23日に初めて行われ、その時は集めた灯籠を飯田駅から時又駅まで列車で運んだと伝え聞いている。祖父の故・吉次《きちじ》さんが飯田線の前身の一つ、伊那電気鉄道の整備に尽力した伊原五郎兵衛（1880〜1952年、飯田市出身）と懇意にしていたのがきっかけだったという。

昭和30年代の初めごろまでは灯籠流しに来る人の多くが時又駅を利用した。「これ以上開催できないと伝統が続かなくなると心配だった。本当に良かった」。それぞれの思いが込められた灯籠約100個が水面を照らしながら天竜川を下っていった。

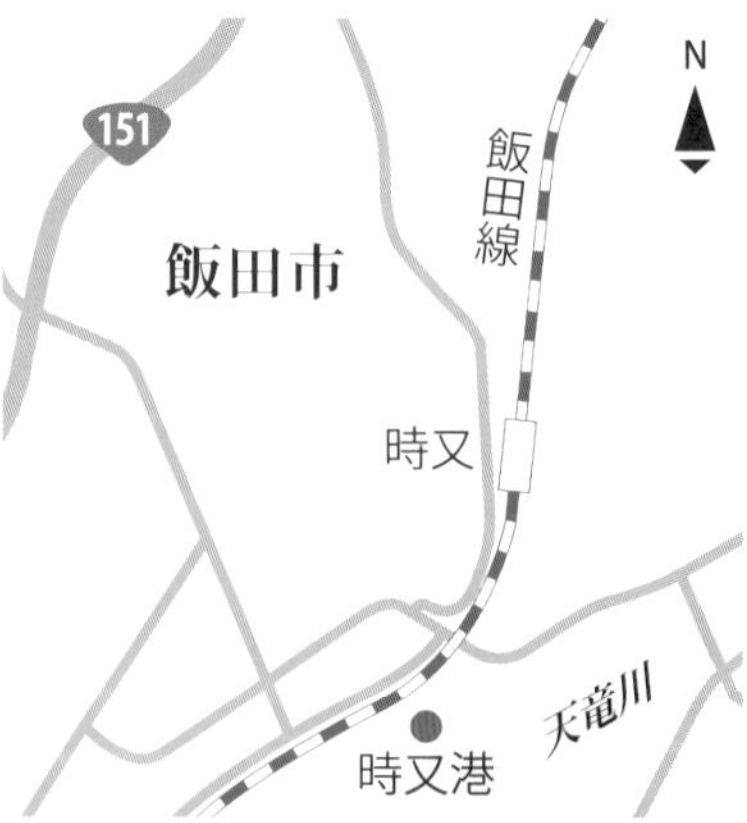

時又駅（中央下）に入る列車の上空で大輪を咲かせる「飯田時又灯ろう流し」の花火＝2022年8月16日（午後7時26分から午後7時43分まで撮影した8枚を重ねた）

人々の思いや願いをのせて、時又の天竜川に灯籠が流された＝2022年8月16日

時又駅。「天竜舟下り」時又港の最寄り駅でもある＝2023年8月5日

時又駅を出発し、天竜川沿いに川路へ向かう列車。ここから天竜峡までは治水事業による一帯の盛り土のため、2001年に線路が付け変わった＝2023年8月5日

時又駅で行き違う上下の列車＝2023年8月5日

鉄道写真家を魅了した風景

旅情誘う「青春18きっぷ」ポスターに

2009年春の「青春18きっぷ」のポスターは、真島満秀さんが天竜峡―千代間で天竜川を渡る普通列車を撮影したもの。真島さんが数多く手がけた同きっぷのポスター最後の作品となった＝ＪＲグループ提供

２０２２年８月１日、日が暮れて遠くに見える飯田市街地に家々の明かりがともる頃。普通列車が雨上がりの川霧を払いながら天竜川に架かる橋を通過していった。その光景は長野市出身の鉄道写真家、真島満秀さん（１９４６〜２００９年）の作品をどこか思わせた。

ＪＲの普通列車が乗り放題になる「青春18きっぷ」。旅情をかき立てる——と、毎年のポスターを楽しみにしている鉄道ファンは少なくない。新緑の中、飯田線の普通列車が天竜川の橋を渡り、飯田の街並みが遠くにかすむ……。09年春は真島さんが市内の天竜峡―千代間で撮影した写真だ。

「たった79分で、人生は変わる」。こううたった１９９７年の長野新幹線開業のポスターなど鉄道写真の第一人者として、数多くの雑誌

雨上がりの川霧が巻く中、普通列車（中央下）が天龍峡大橋をくぐって天竜峡駅へ向かった＝2022年9月1日

やポスターを手がけた。「鉄道は人を乗せて運ぶもの。みっちゃんの撮る鉄道写真には人の営みが感じられるのです」。学生時代から共に撮影を続けた相棒で「マシマ・レイルウェイ・ピクチャーズ」（東京都西東京市）会長の猪井《いのい》貴志さん（75）はほれ込む。

数多く担当した青春18きっぷの最後の仕事は天竜峡―千代間。撮影場所を訪れると、飯田線の上に19年に開通した三遠南信道・天龍峡大橋が延び、

そらさんぽ天龍峡から見下ろす天竜川橋梁と列車。天竜川に沿って走る飯田線だが、長野県内で天竜川を渡る橋はここだけだ＝2022年9月3日

天龍峡大橋の車道の下にある歩道「そらさんぽ天龍峡」を歩く観光客＝2023年8月21日

新しい光景が広がっていた。
　真島さんの写真集には「独断だが、飯田線は長野県側がいい」との一節がある。ふるさとを走る鉄道にレンズを向ける時、県人ゆえのひいき目を込めていたのかもしれない。再びこの場所を訪れたとしたら、どんな写真を狙うのだろうか。

変わる時代と変わらぬ縁と

豊橋・城海津跨線橋からの眺め

飯田線の起点、豊橋駅（愛知県豊橋市）のすぐ近くにある城海津《しろかいづ》跨線橋《こせんきょう》（長さ188メートル）。ここからは同線と東海道本線、東海道新幹線、名古屋鉄道名古屋本線を一度に見下ろせる。「ほら、赤い電車が来るよ」。名古屋市の間瀬麻友子さん（31）が声をかけると、電車好きという長男新《あらた》ちゃん（2）は食い入るように見ていた。

青いトラスが特徴の跨線橋は、廃止された旧伊勢電気鉄道の宮川橋《きょう》梁《りょう》を再利用して1953（昭和28）年に架設された。東海道新幹線ルート選定の際にも撤去されず、61年に橋を増設。新幹線が下をくぐる形となり、豊橋の新幹線駅は高架ではなく地上に造られた。間瀬さんの母で近くに住む前田恵子さん（63）は「ここは昔から散歩コースです」とにこやかに話す。

伊那谷からつながる豊橋駅は64年の新幹線開業や70年のステーションビルオープン、97年のビル増改築と東西連絡通路の全面完成など、時代とともに大きく変わってきた。

駅前に店を構え、定食や焼き肉が人気の「ファミリーレストラン平和園」。戦後間

飯田線の愛知県側起点、豊橋駅。近代的なビル駅舎の前には路面電車の豊橋鉄道市内線やバスが頻繁に発着する＝2023年8月7日

豊橋駅直結のホテルアソシア豊橋から名古屋方面を見る。城海津跨線橋（手前の青いトラス）と飯田線（手前右）、名鉄名古屋本線（中央）、東海道本線（左）、東海道新幹線（奥）が一度に見下ろせる＝2022年8月19日

青いトラスの城海津跨線橋には列車を眺める親子連れも。飯田線と同じ線路を使う名鉄の特急が出発＝2022年8月20日

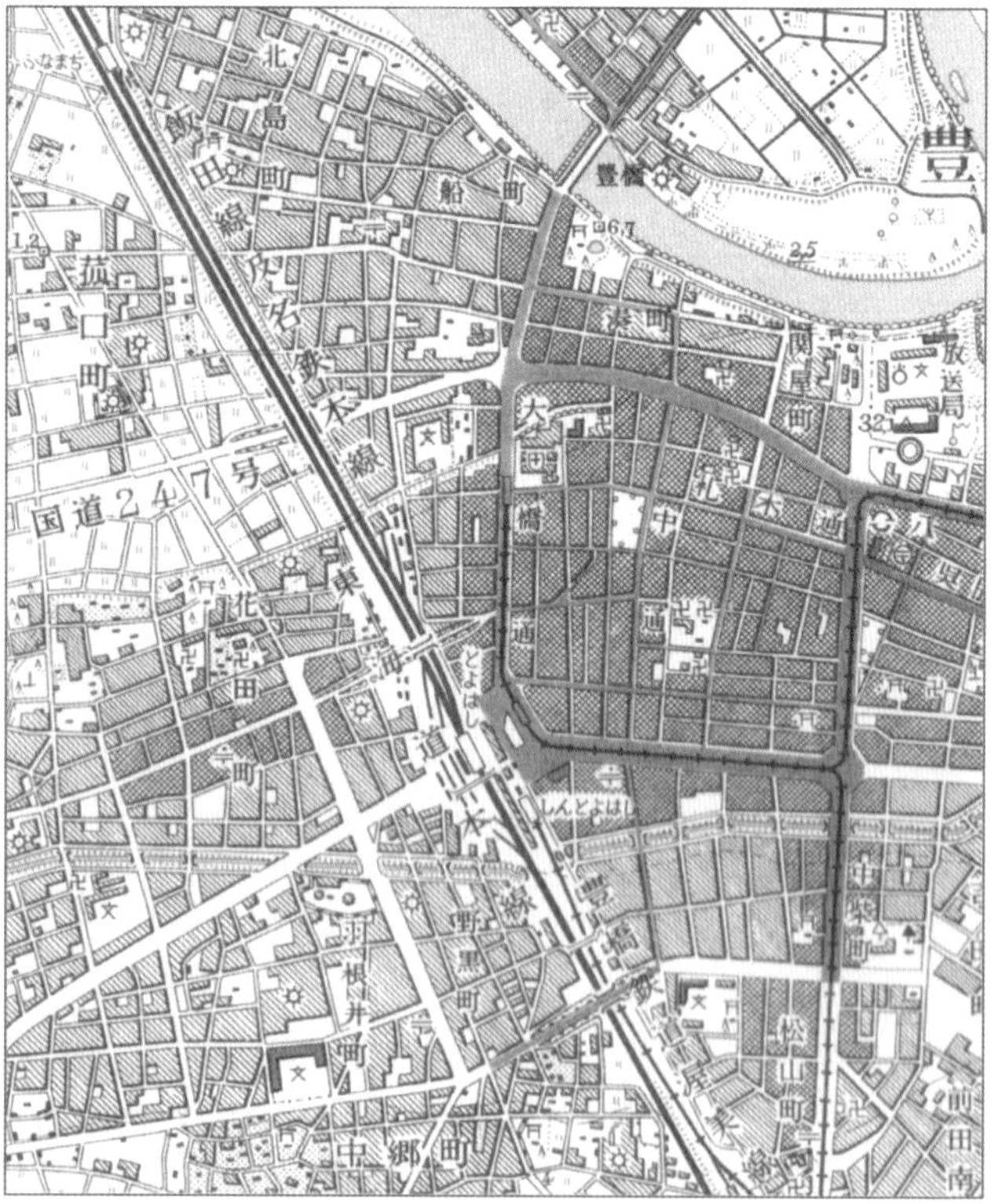

東海道新幹線が開通する前の豊橋駅周辺の様子（1/2.5万地形図「豊橋」昭和33年修正）。駅の北側に架かり、東海道本線と飯田線・名鉄本線を跨ぐのが城海津跨線橋

豊橋駅構内、ホームのすぐ北に架かる城海津跨線橋。188メートルの長さで東海道新幹線、東海道本線、飯田線と名古屋鉄道本線をまたぐ。橋の名前が彫られた親柱の横に立つと、車の音と共に跨線橋をくぐる新幹線の音が聞こえてくる。老朽化も進み、維持や架け替えも課題になっている＝2022年8月20日

もなく食堂を始めた父から店を継いだ河合弘さん（75）は「新幹線が来て人の流れが変わった」と口にする。「高度成長で街が大きくなった。庶民がデパートで買い物して外食する余裕ができたのもその頃からだ」

ビジネスマンや若者、女性……。今や幅広い客層が訪れる同店だが、近年変えていないメニューもある。生酒は、飯田の地酒「喜久水」。20年前から提供する。「やわらかな味わいで、これに決めた」と河合さん。「飯田とのご縁を続けていきたいね」と厨房《ちゅうぼう》に立った。

城海津跨線橋のすぐ下では飯田線と東海道新幹線の並走が見られる＝2022年8月20日

ファミリーレストラン「平和園」の店内。長年提供している飯田の地酒「喜久水」の張り紙には年季が入っていた＝2023年8月6日

第3部

はじまりの槌音《つちおと》

いくつもトンネルを抜け、橋を渡り、険しい山あいを縫うように走る飯田線。鉄路ができた歴史に触れ、先人の努力と託したものを見つめる。

天竜峡トンネルを抜け、長野県内の飯田線ではここだけの天竜川橋梁を渡る豊橋行きの上り普通列車＝ 2022年11月16日

開通の夢と勇気を子どもたちへ

紙芝居で歴史伝える地元の有志

2022年9月6日、下伊那郡高森町の高森北小学校の教室。5、6年生約40人が目を輝かせる中、挿入歌に合わせて飯田線の列車が走る絵がスクリーンに投影された。長机に座った飯田市赤十字奉仕団「紙芝居分団」6人が、自前で用意した音響機器やパソコンを使い、せりふを朗読。前身を含め、100年以上前にさかのぼる飯田線の物語が始まった。

川村カ子ト（旭川市・川村カ子トアイヌ記念館提供）

紙芝居の題名は『飯田線開通の夢と勇気』。飯田市出身の伊原五郎兵衛（1880〜1952年）が周囲を説得してこぎ着けた伊那電気鉄道・辰野―天竜峡間の開通、絶壁の続く県境を測量して三信鉄道区間の建設に貢献したアイヌの川村カ子《ね》ト（1893〜1977年）の活躍を36枚にまとめた。同分団は郷土の民話や災害の歴史をテーマに年1作品を制作しており、この紙芝居は3年前にできた20作目に当たる。

分団員で飯田市上郷別府の堀口美鈴さん（81）は、リニア中央新幹線が地元を通る計画を踏まえ、飯田線の歴史を伝える紙芝居を作り、子どもに見せたいと思い立った。市内の下伊那農業高校の図書館司書を務めた経験を生かして資料を集め、詳しい人から話を聞いて脚本を書いた。絵は分団員で手分けした。

『飯田線開通の夢と勇気』の一場面。元は紙芝居だが、絵本として出版もされた

心に残る紙芝居にしたい――と、本番前の3日間は練習を重ね、4日目に公演に臨む。これまでに飯田下伊那の小中学校や集会所などで上演を重ね、前の年に同じ内容の絵本も発行した。リニアのように速さや効率ばかりが重視される時代。堀口さんは「飯田線の歴史を通じて子どもたちにはゆとりをもった人の心が通じ合える大人になってほしい」と願う。

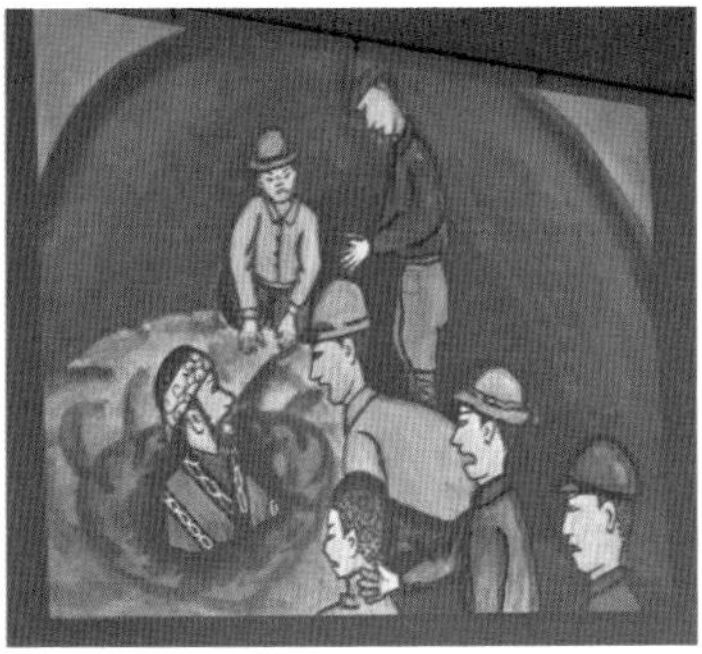

アイヌの測量士川村カ子トが天竜峡トンネル工事で生き埋めにされかけた場面は、見るものを引き込む力がある

高森北小学校で『飯田線開通の夢と勇気』を読み聞かせる紙芝居分団。堀口美鈴さん（奥左から２人目）らが子どもたちに飯田線の歴史を分かりやすく伝えた＝2022年９月６日

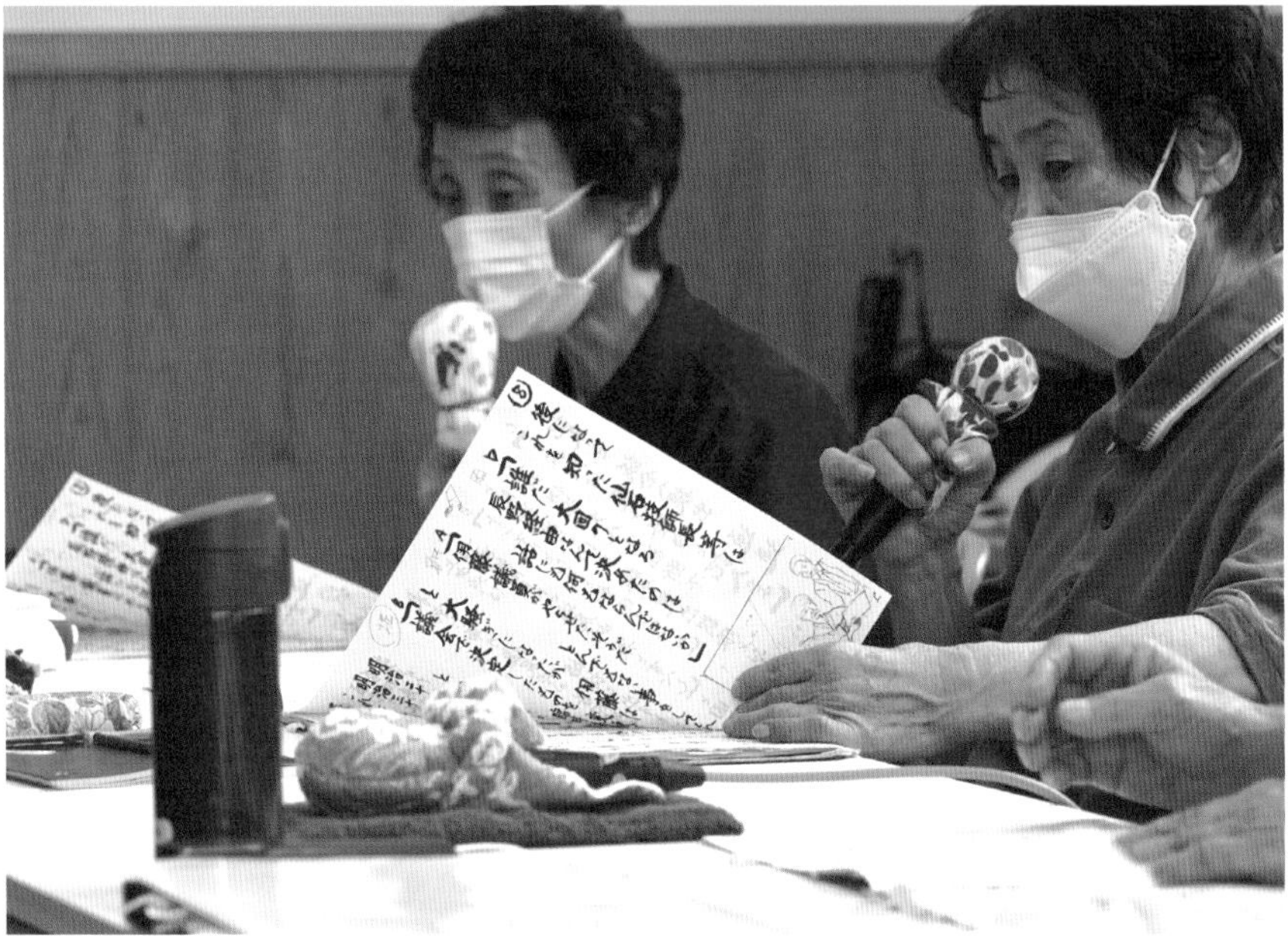

高森北小学校での公演を控え、通しで練習する堀口美鈴さん（右）ら＝2022年9月1日

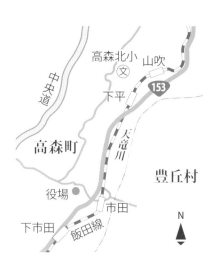

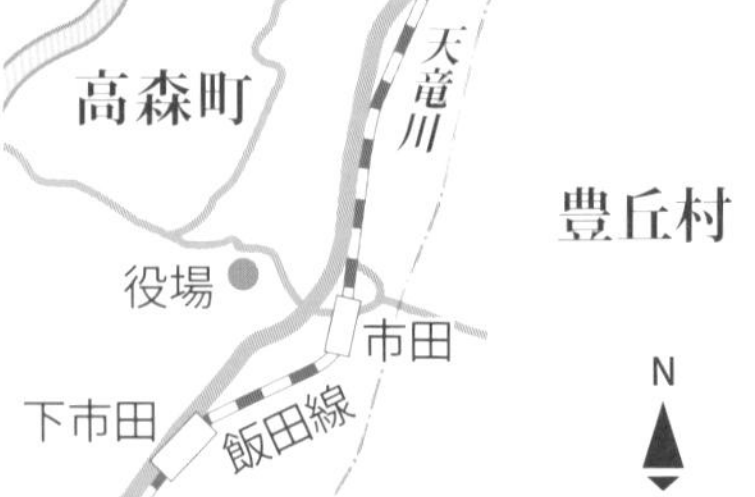

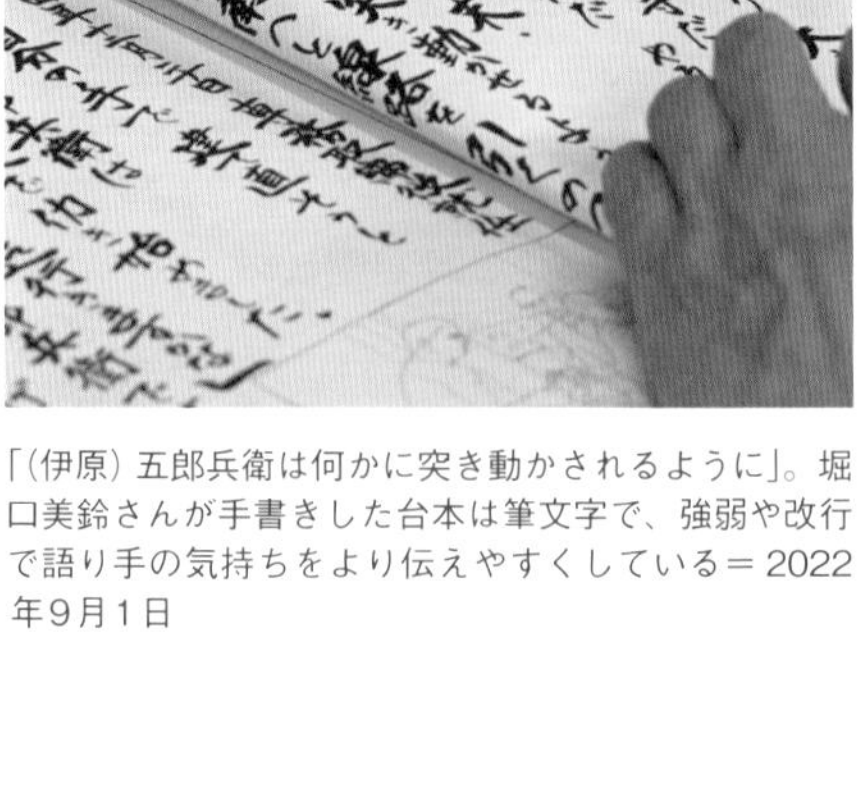

「（伊原）五郎兵衛は何かに突き動かされるように」。堀口美鈴さんが手書きした台本は筆文字で、強弱や改行で語り手の気持ちをより伝えやすくしている＝2022年9月1日

効率優先でない「人間臭さ」今も
三州街道沿いに伊那電の名残

羽場駅の北を流れて天竜川に注ぐ北の沢に架かる「めがね橋」の内部。1879（明治12）年の三州街道（県道）改修で、ここを最短で渡るれんが造りのアーチ橋となり、この上を伊那電気鉄道の電車も通った＝2023年8月5日

2022年10月、午前8時過ぎ、飯田線の列車が線路沿いのススキの穂を揺らしながら、上伊那郡辰野町伊那富の天竜川右岸を走り抜けていった。線路に並行する国道153号（三州街道）は通勤の車で混雑。1909（明治42）年に辰野―松島（現伊那松島）間が開業した頃の名残をわずかにとどめる。

当時は、長野県内初の私鉄で飯田線の前身の一つとなった伊那電車軌道（後の伊那電気鉄道）が路面電車を運行していた。一部の区間は、現在の国道153号と重なる。路面電車が川やくぼ地の迂回に使った道路は、今も周辺に残っている。

路面電車の客車は木製で、大きさはマイクロバスほどだった。辰野町伊那富周辺は急坂で、上る時

1世紀前には伊那電車軌道の路面電車が走っていた辰野町伊那富の国道153号（三州街道）と並行して走る飯田線の列車。この辺りは旧伊那電気鉄道区間では最も天竜川が近くを流れるポイントの一つだ＝2022年10月18日

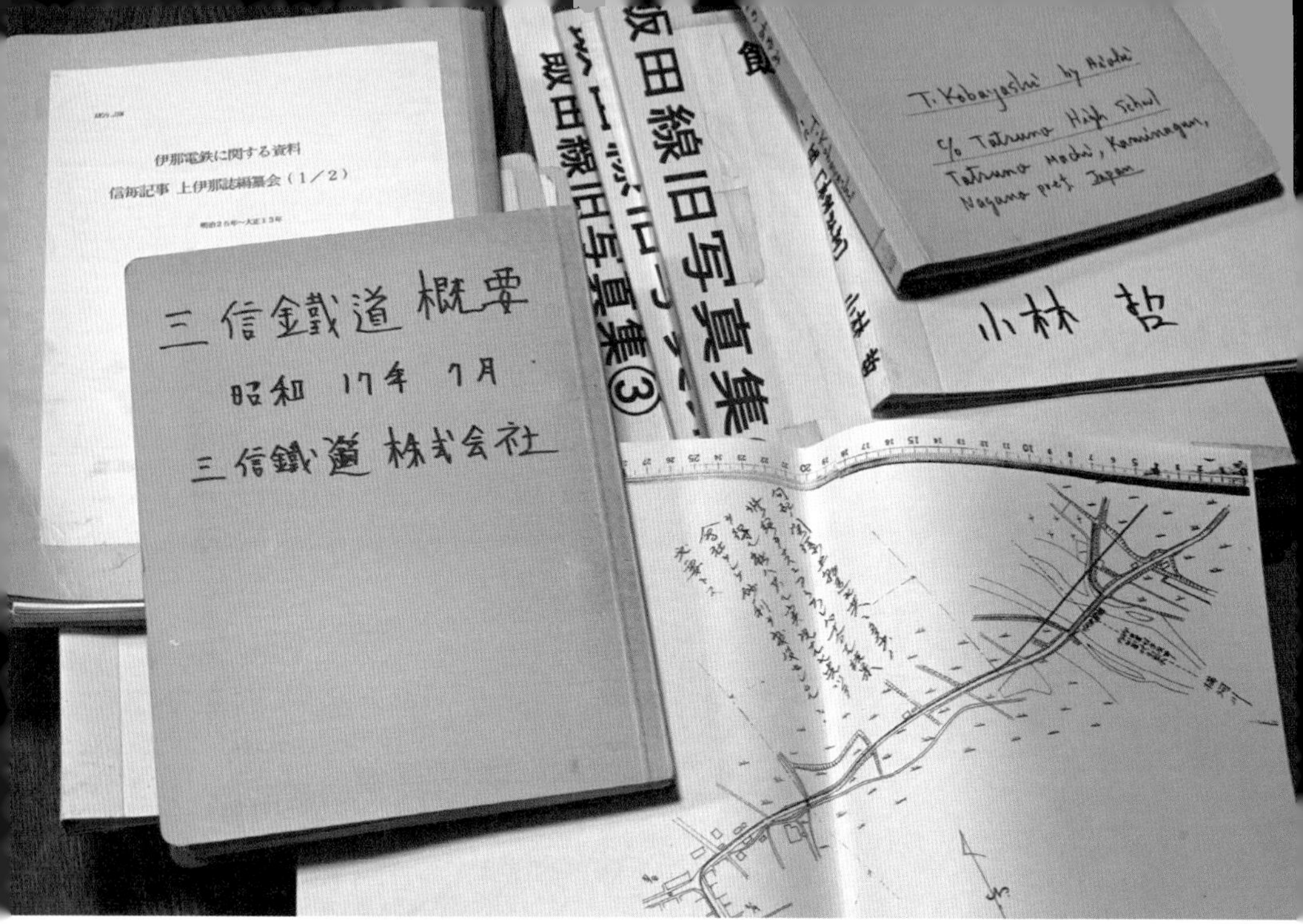

小林哲さんが集めた伊那電気鉄道や三信鉄道など、飯田線の歴史に関わる資料

北の沢に架かるめがね橋。現在の国道153号は下流側を直進、長年放置されていたが2011年、登録有形文化財となった＝2022年10月19日

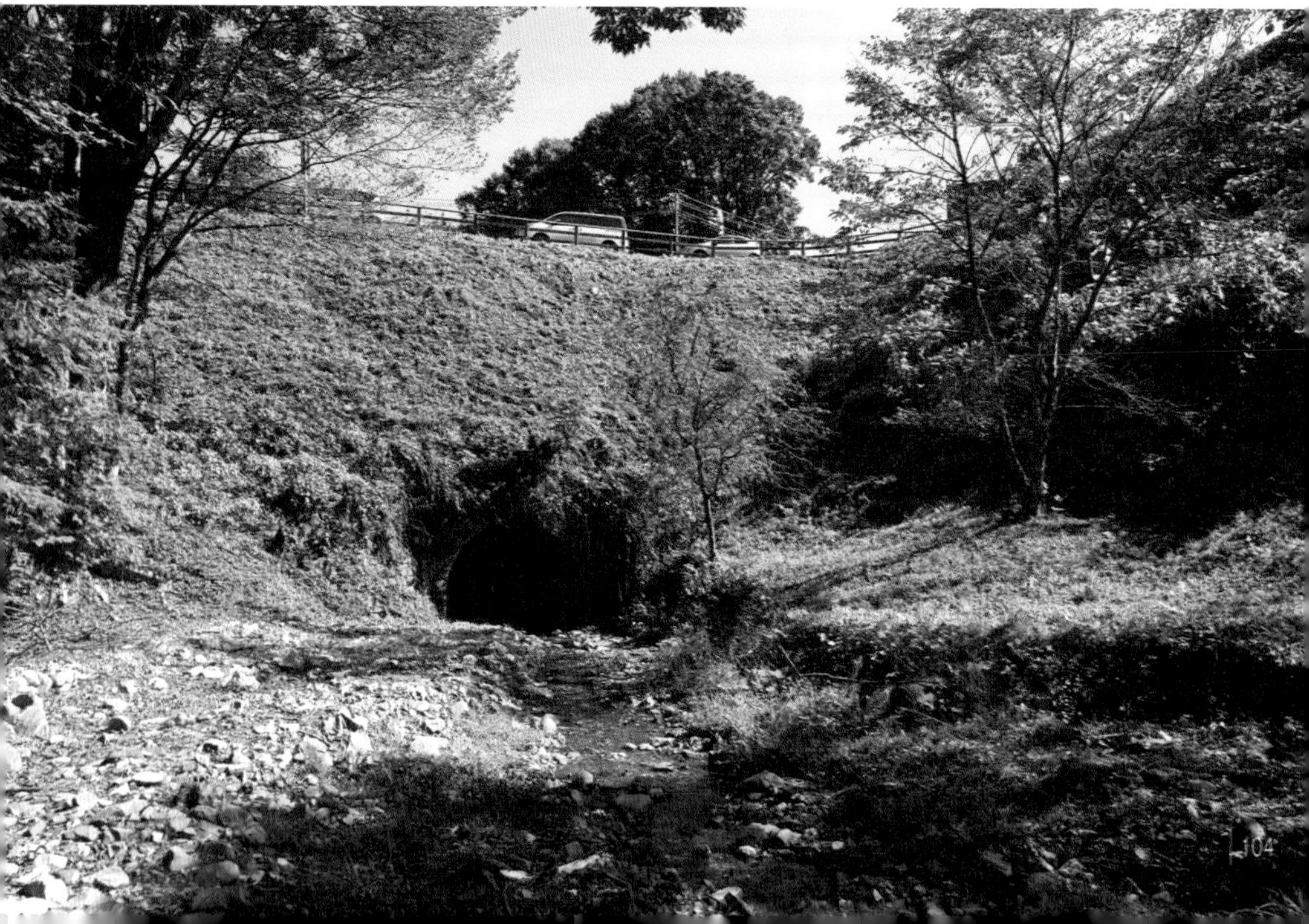

明治末期、橋梁（横川川とみられる）を渡る伊那電車軌道の電車＝信濃教育会編『信濃地理』明治44年発行より

は下車して走った方が速いほど速度が下がり、乗客が押すこともあったという。

辰野町から愛知県豊橋市まで195・7キロを結ぶ飯田線は、いずれも私鉄の伊那電気鉄道、三信鉄道、鳳来寺鉄道、豊川鉄道が前身だ。43（昭和18）年に一括して国有化されて飯田線となり、87（昭和62）年の分割民営化でJR東海の引き継がれた歴史がある。

2018年に70歳で亡くなった駒ヶ根市赤穂の元高校教諭小林哲さんは生前、飯田線に魅せられて伊那電車軌道開業時の路線図や実際に使われた鉄道部品などを集め、研究していた。伊那谷の風景に列車を写し込んだ写真の撮影も続けていた。「夫にとって飯田線は生活の一部でした」と妻の真由美さんは言う。

小林さんは、上伊那郷土研究会（伊那市）が13年に発行した郷土誌『伊那路』で飯田線についてこう触れている。「効率優先の今の社会では利用し難い」としつつ「不合理な路線」ゆえの「人間臭さ」がある、と。

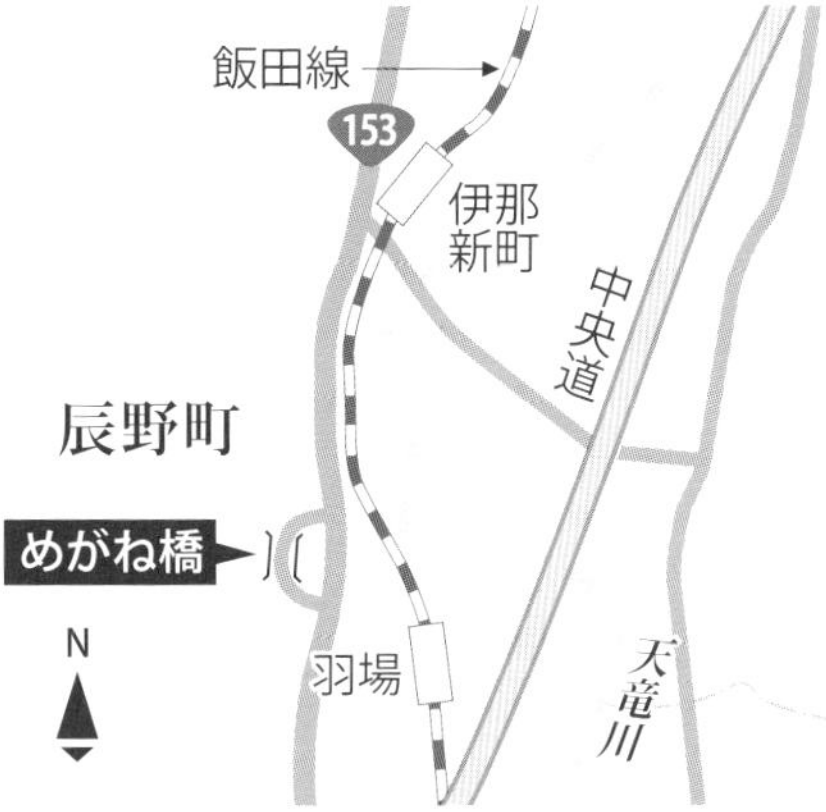

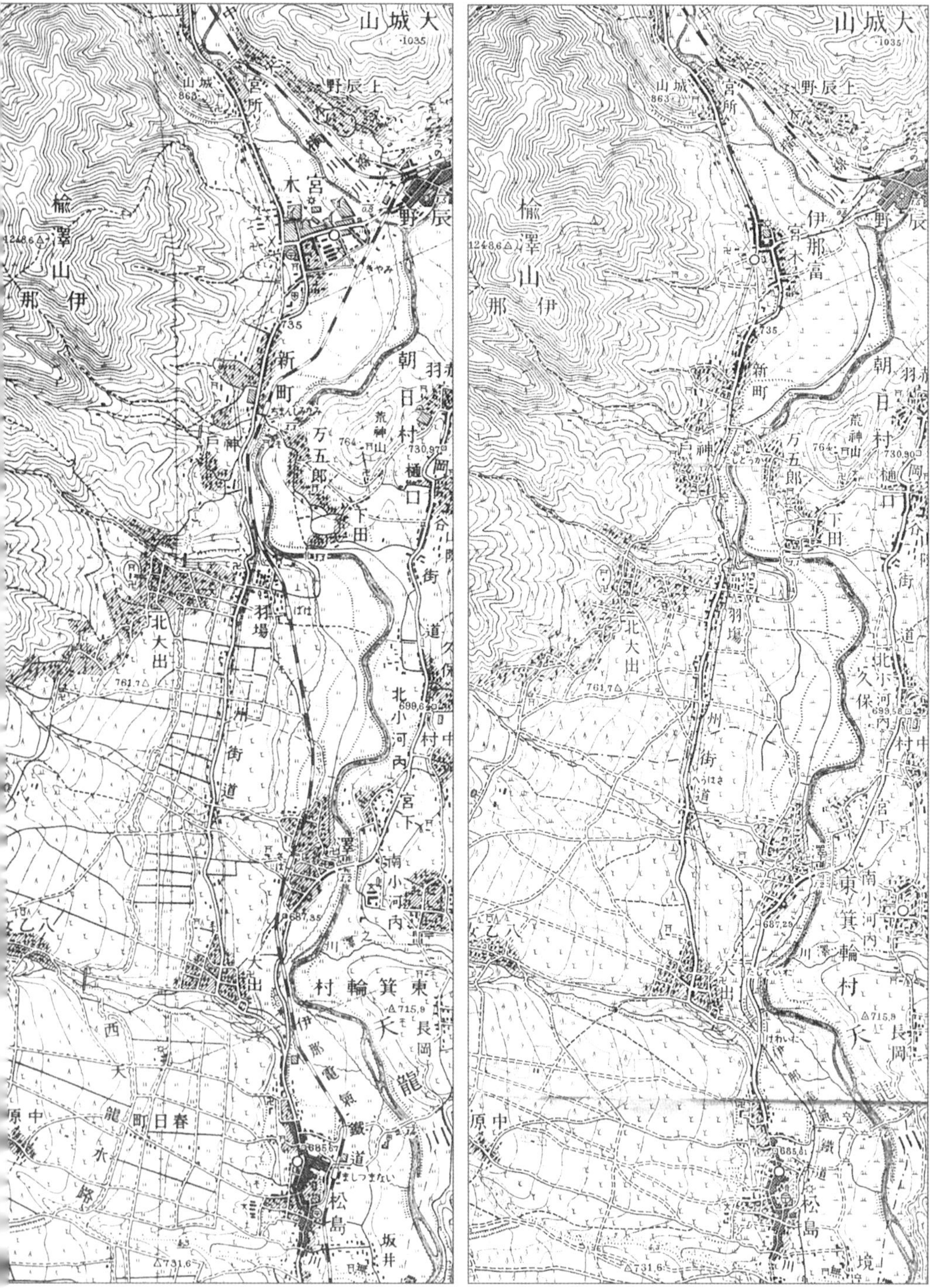

右＝1/5万地形図「伊那」大正5年鉄道補入、左＝同・昭和6年修正。伊那電は開業から約14年間、辰野―松島間は三州街道上を走る併用軌道（路面電車）での営業だったが、大正12年からは専用の線路に付け変えた。「羽場」の上で少し左に迂回する部分がめがね橋

反発を買っても貫いた情熱

伊那谷に鉄道敷いた伊原五郎兵衛

記念碑前で写真に納まる伊原五郎兵衛。この2週間後に亡くなった＝1952年撮影

２０２２年11月３日の午前６時ごろ、大きな弧を描くＪＲ飯田線名物「Ω《オメガ》カーブ」を望む駒ヶ根市赤穂の高台。「ゴットン、ゴットン」と静寂を破り、ライトを付けた列車が河岸段丘を大きく回り込むように天竜川支流の中田切川を渡っていった。周囲に広がる稲刈り後の田んぼが明るく際立った。

伊那谷に鉄道を敷いた9代目伊原五郎兵衛（１８８０～１９５２年、飯田市出身）。こんな逸話がある。鉄道敷設が悲願だった父の死を受け、名前と志を受け継いだ五郎兵衛。田畑を切り開こうとして反発を買い、近くを流れる太田切川の河川敷で刀を持った農民と決闘した際、素手で戦った。五郎兵衛は身長が約１８０センチ、体重が１００キロ近い偉丈夫だった。

そして熱意は実る。１９０９（明

治42)年、伊那電車軌道(後の伊那電気鉄道)の辰野―松島間が開業。小刻みに延伸を重ね、18年をかけて天竜峡まで到達させた。車がまだ普及していない時代。当時盛んな製糸業で、伊那谷の生糸を横浜へ速く運ぶには鉄道が欠かせなかった。五郎兵衛は鉄道敷設に私財を投じ、自ら改札口で切符を切ったり、駅舎を掃除したりもした。

52(昭和27)年に72歳の生涯を閉じたが、その3ヵ月前に飯田駅前に功績をたたえる記念碑が建てられた。鉄道敷設へ執念にも似た情熱をささげた五郎兵衛。孫の伊原江《こう》太《た》郎《ろう》さん(74)=東京都八王子市=は「時代を見る目が優れた人だった」と評している。

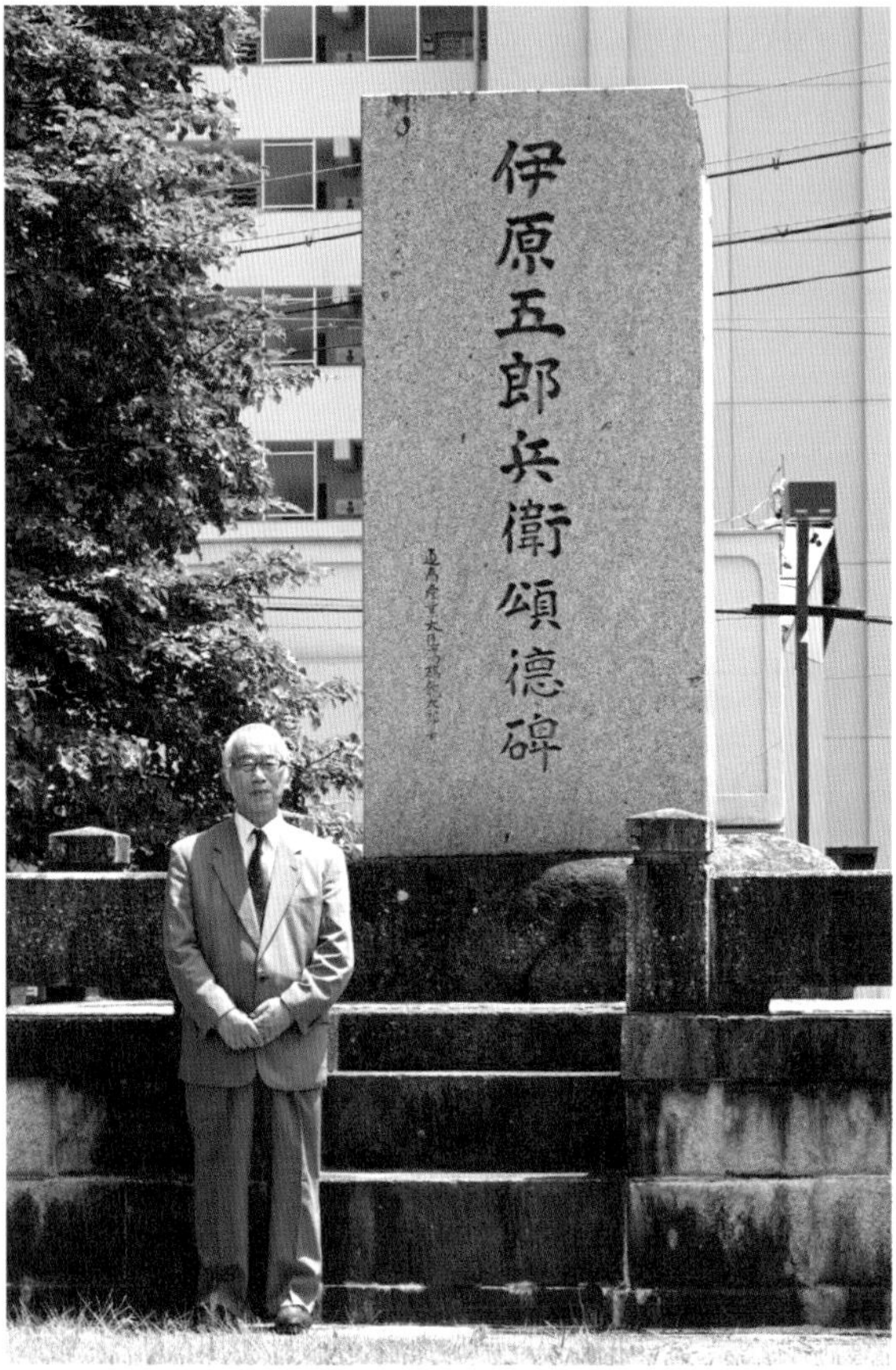

飯田駅開業100周年の式典に出席し、記念碑の前で写真に納まる伊原五郎兵衛の孫、伊原江太郎さん。記念碑はもともと駅前にあったが整備のため移転、2010年に駅前に戻った=2023年8月3日

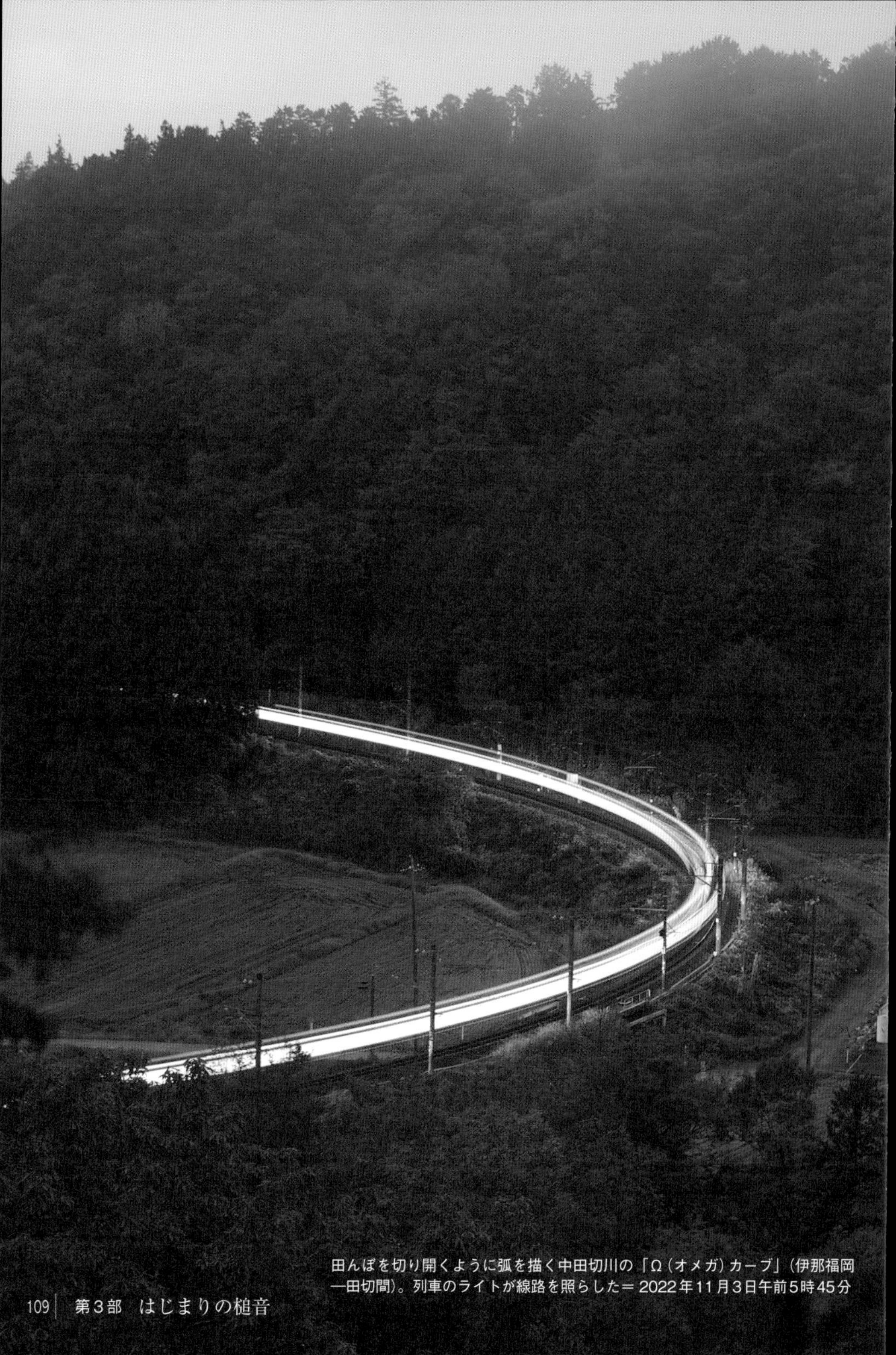

田んぼを切り開くように弧を描く中田切川の「Ω（オメガ）カーブ」（伊那福岡ー田切間）。列車のライトが線路を照らした＝2022年11月3日午前5時45分

絶壁地帯に光明を導いた測量

大嵐駅近くの廃線跡「夏焼隧道」

冷たい空気が身を包み、側溝から水がさらさらと流れる音が響く。浜松市天竜区水窪町の大嵐《おおぞれ》駅の南に位置する夏焼隧道《なつやきずいどう》。飯田線の前身の一つ、三信鉄道が列車を走らせていた長さ約1・2キロのトンネルの遺構だ。2022年11月16日、駅付近から入り、岩肌がむき出しとなった壁沿いに歩いていくと、等間隔に設置された蛍光灯の先に出口の明かりがかすかに見えた。

三信鉄道は、現在の天竜峡駅（飯田市川路）と三河川合《みかわかわい》駅（愛知県新城市）をつないだ私鉄。同区間は天竜川が激しく蛇行し、断崖絶壁に阻まれる急峻《きゅうしゅん》な山岳地帯だ。

鉄道敷設に当たり、工事を請け負う業者は一社も現れなかった。そこで、北海道や樺太《からふと》（現在のロシア極東サハリン）で鉄道工事の実績があるアイヌの技士、川村カ子《ね》トが招かれた。カ子トは、マムシやスズメバチ、イノシシなどを警戒しながら測量。岸壁の木々には命綱を張り、ぶら下がりながら伐採するなどし、先へと進んでいった、とされる。

大嵐駅にある「中部天竜大嵐間付替線完成記念碑」。水窪経由の新線切り替え工事の完成（1955年11月）を記念し、翌年7月に建立。2年弱の速さで完成したことが記されている＝2022年2月8日

大嵐駅から通じる夏焼隧道を南側に抜けた場所。飯田線の廃線跡が道路になっているが、崩落がひどく通行止め＝2022年2月8日

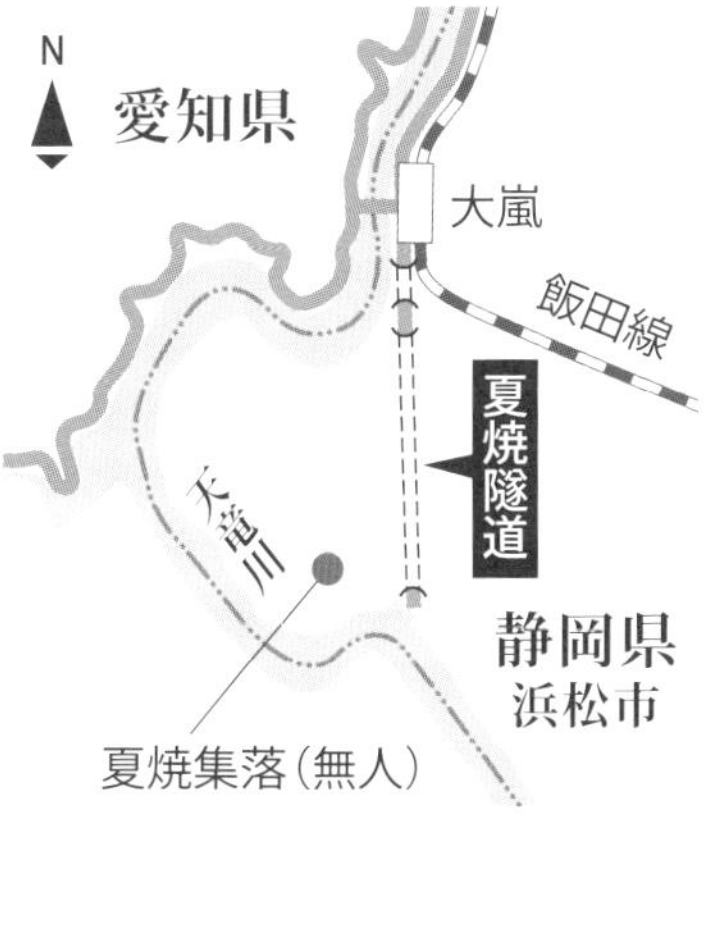

カ子トの尽力もあり、最後の区間となった大嵐―小和田間は1937（昭和12）年8月に開業。長野県内と愛知県東部の三河地方をつなぐ全線開通にこぎ着けた。

43年の国有化後も列車は夏焼隧道を走ったが、日本屈指の貯水量を誇る佐久間ダムの建設に伴う水《みさ》窪《くぼ》駅方面へのルート変更による線路の付け替えによって、約13キロが55年に廃線になった。今は一応県道トンネルだが、トンネルを出

岩肌がむき出しのままで、三信鉄道当時の面影が残る夏焼隧道の内部＝ 2022年11月16日

大嵐駅全景。現在は大原トンネル（奥）を通って水窪に抜けるが、1955 年の路線変更以前は右上方の道に沿って飯田線が南下、トンネル手前に駅があり夏焼隧道に入った＝ 2023年８月６日

大嵐駅側から見た夏焼隧道。手前の小さな第一隧道の後、1228 メートルの長い第二隧道に入る＝ 2023年８月６日

たところの近くにある夏焼集落に現在人は住んでいない。

周辺の山道や登山道整備に取り組んでいる地元のＮＰＯ法人「山に生きる会」理事長の熊谷修さん（74）は「トンネルを歩くと、絶壁が多い険しい地形を測量したカ子トの大変さを改めて感じる」と話している。

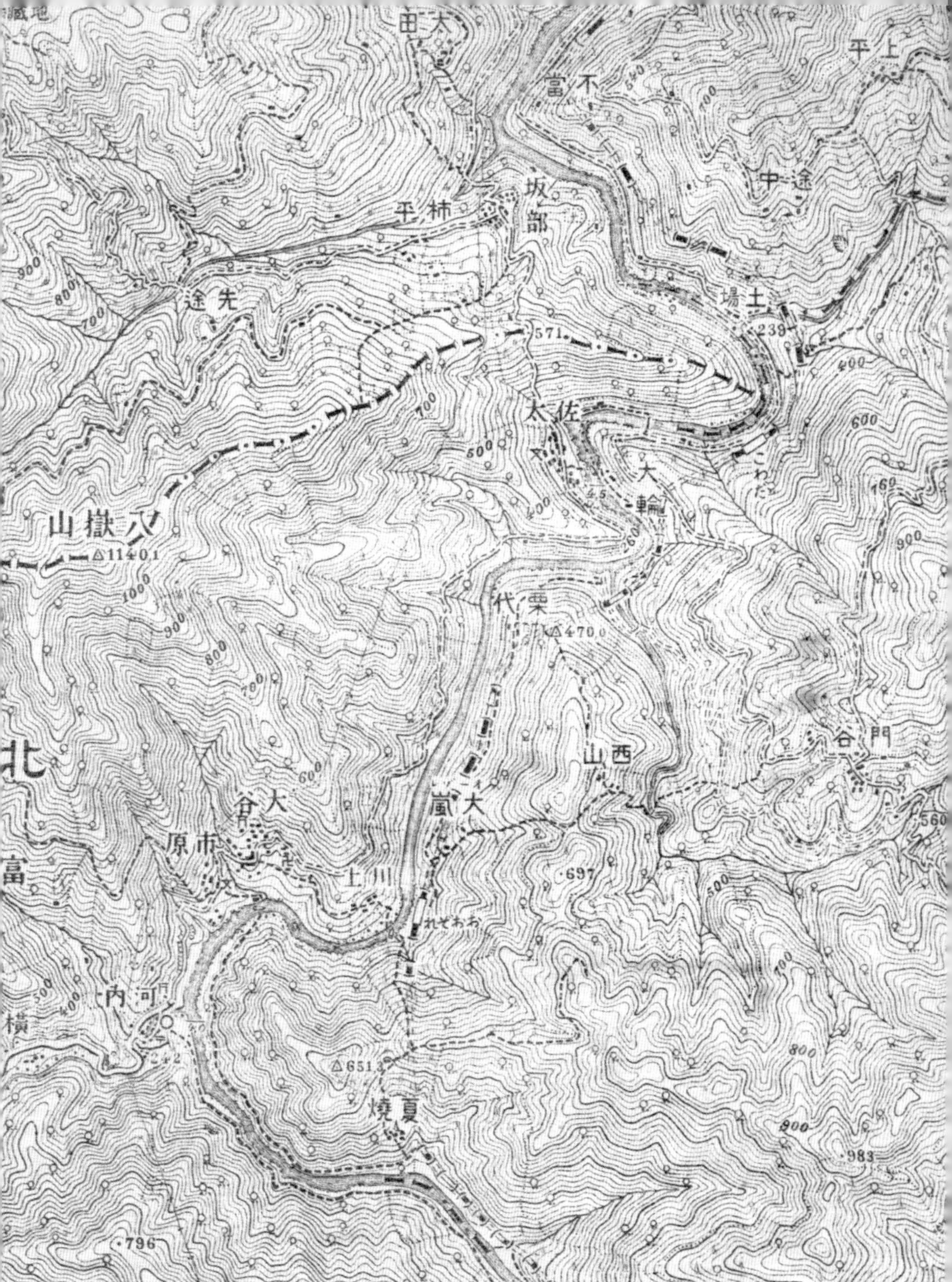

昭和20年代前半ごろの中井侍―大嵐間の3県境付近（1/5万地形図「満島」昭和23年資料修正）。沿線に車道や橋はほとんどなく、大嵐駅の近くには「渡船」記号がある。飯田線は同駅からそのままトンネルで南下していた。「夏焼」の地名付近には集落も見られる

難工事を気概と誇りで突破
三信鉄道開通に尽くした川村カ子ト

夜のとばりが降りる中、天竜峡駅を目指す普通列車が、天竜峡トンネル（同、448メートル）に近づいてきた。出入り口の青信号が点灯して間もなく、列車のライトに照らされ、輪郭がくっきり浮かび上がった。

前身の三信鉄道がつないだ天竜峡と三河川合（愛知県新城市）との間は山深く、トンネルが連続する区間だ。同社は1929（昭和4）年8月、天竜峡から先の鉄道敷設に着手。難工事の末に32年10月、門島《かどしま》駅（下伊那郡泰阜村）まで約8・3キロを開通させた。

中でも、天竜峡駅の豊橋寄りに

測量する川村カ子ト。三信鉄道が泰阜村や天龍村に南進する1930年代半ばの撮影とみられる（吉沢公男さん撮影、泰阜村教育委員会提供）

普通列車のライトが天竜峡トンネルの出入り口を照らし、輪郭がくっきりと浮かび上がった＝2022年11月25日（天竜川対岸の飯田市千栄から撮影）

満開の四季桜と熟し柿の間から望む天竜峡トンネル。飯田発の上り特急伊那路4号が天竜川を渡っていく＝2022年12月6日

すぐある天竜峡トンネルは、もろい地盤と大量の出水に悩まされ、発破をしながら削岩機で少しずつ掘り進めた現場だった。アイヌの測量技師、川村カ子トは、差別や偏見から反抗的な作業員に生き埋めにされかかったとされる。

「カ子トさんが命懸けで完成させたトンネルです」。飯田線に関わるカ子トの物語を合唱劇として上演する飯田カネト合唱団の団長、清水勝弘さん(77)は話す。

合唱団は、愛知県の「合唱劇『カネト』を歌う合唱団」と交流する住民有志によって2006年に設立。地域の催しで上演したり、飯田線に関わる郷土史を学んだりしている。

〈俺は北海道にいる時も天竜峡に来てからも鉄道の仕事にアイヌであることに誇りを持って生きてきた〉

天竜峡駅を出て、すぐに天竜峡トンネルに入る上り特急伊那路４号＝2023年７月29日

カ子トが生き埋めにされかけながらも、アイヌの気概を見せる独唱は劇の見せ場だ。清水さんは、周りでスコップを振り上げる荒くれ者を演じる。「うるせえ！」と怒鳴られながら歌うことをやめない姿に「差別や偏見に負けない生きざま、思いが込み上げてくるのです」と言う。

急斜面中腹でのトンネルや線路の建設工事

南に延びる三信鉄道　建設当時の写真

明治末期から昭和にかけて下伊那郡泰阜、天龍両村内で写真業を営んだ故吉沢公《ただ》男《お》さん（1889〜1958年）は、地域の写真を撮り続けた。2019年、孫が泰阜村に寄贈した戦前―戦後に撮影された2800点余の写真の中には、戦時中の住民の暮らし、泰阜・平岡両ダムの建設の様子に交じり、1930〜50年代に撮影されたとみられる三信鉄道の工事風景も数十枚含まれる。断崖が続く天竜川の渓谷を南に延伸する鉄路の様子が分かる貴重な写真で、過酷な自然環境の中で測量に挑んだ川村カ子トに思いをはせることができる。

（写真はすべて吉沢公男さん撮影、泰阜村教育委員会提供）

門島駅の構内

遠山川橋梁（奥）と人道用のつり橋

斜面の中腹に完成したトンネルと橋梁（橋げた）が見える

満島（現平岡）駅構内で記念撮影

為栗駅の北に架かる万古川橋梁

温田駅の駅名標で記念撮影

田本駅での工事風景

水没を避けて移転 先人の心つなぐ

天竜川を望む旧富山村のほこら群

２０２２年12月16日、愛知県豊根村富山《とみやま》の県道1号飯田富山佐久間線を車で走っていると、大小約30のほこらや石碑が整然と並んでいるのがガードレール越しに見えた。うっそうとした木々の先で、天竜川が陽光を反射して水面を輝かせていた。

「上山中地の神様」「水神様」「阿弥陀様」。プレートが張られたものもある。「天竜川に沈んだ集落の神様や仏様を移した場所です」。旧富山村助役を長く務めた川井正孝さん(88)が説明してくれた。

天竜川右岸にあった同村は、離島以外では日本一人口が少ない村（２００５年10月末時点で２１８人）として知られたが、同年の「平成の大合併」で隣の愛知県豊根村に編入された。貯水池式発電所として当時日本一の大きさを誇った佐久間ダムが１９５６（昭和31）年に下流に建設されたことで天竜川の水位が上昇、旧村域の中心部が全て水没し、多くの住民が離村した歴史がある。

天竜川左岸を、川を伝うように村の対岸を走っていた飯田線もダム建設に伴い、白神《しらなみ》、天竜山室、豊根口の各駅を含む大嵐―佐久間間13・3キロを廃止。大嵐からは全長５０６３メートルの大原トンネルを抜けて水窪川の谷へ大きく迂回し、佐久間駅へ向かう路線に付け替えられた。

富山村の水没前の写真を見ながら説明する川井正孝さん＝2022年12月15日

旧富山村の産業といえば林業と養蚕。対岸を走る飯田線は子どもの通学にも利用された。「車がない頃の便利な交通手段だった」と川

木漏れ日に照らされたほこらや石碑。天竜川を向き、水没した旧富山村のかつての集落を見守る＝2022年12月16日

井さんは懐かしむ。川の水位が下がると、対岸には旧線が走っていた数ヵ所のトンネルの遺構が今も見える。

付近の高台にある熊野神社は水没した3地区の神社を合祀《こうし》し、湯立て神楽の「御神楽祭り」を続けている。川井さんは「正月の御神楽祭りには村を離れた人も帰ってくる。その時、ほこらに手を合わせに行くのです」と言う。

ほこらの脇には、お参りする人が落ち葉を片付けられるよう竹ぼうきや熊手を収納した小さな物置があり、ここが旧村の住民にとって大切な場所だと実感できる。

「古里を思い、神様を移した先人の心を今につないでいるのでしょう」

熊野神社は水没した3地区の神社を合祀。そのうちの一つ、諏訪神社の社殿は移築されて残る＝2022年12月15日

1956（昭和31）年に完成した佐久間ダム。高さ155.5メートル、最大発電力35万キロワットは、完成当時日本一を誇った。今も森閑とした山あいに水をたたえている＝2023年8月7日

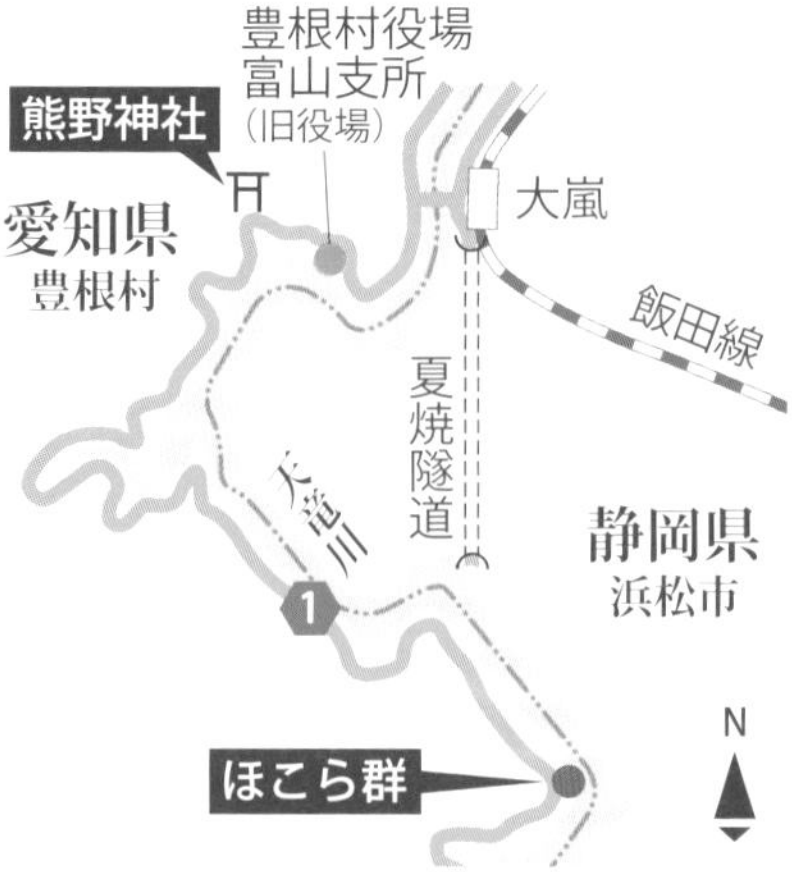

ダム湖の水位が下がると、天竜川右岸の旧富山村からは対岸を走っていた飯田線旧線のトンネルなどの遺構が姿を見せる＝2022年2月19日

高台の熊野神社から佐久間ダム湖を見下ろす。かつての村は湖底に沈み、現在の集落は山の斜面に広がる。最寄駅の大嵐までは歩いて15分ほど＝2023年8月6日

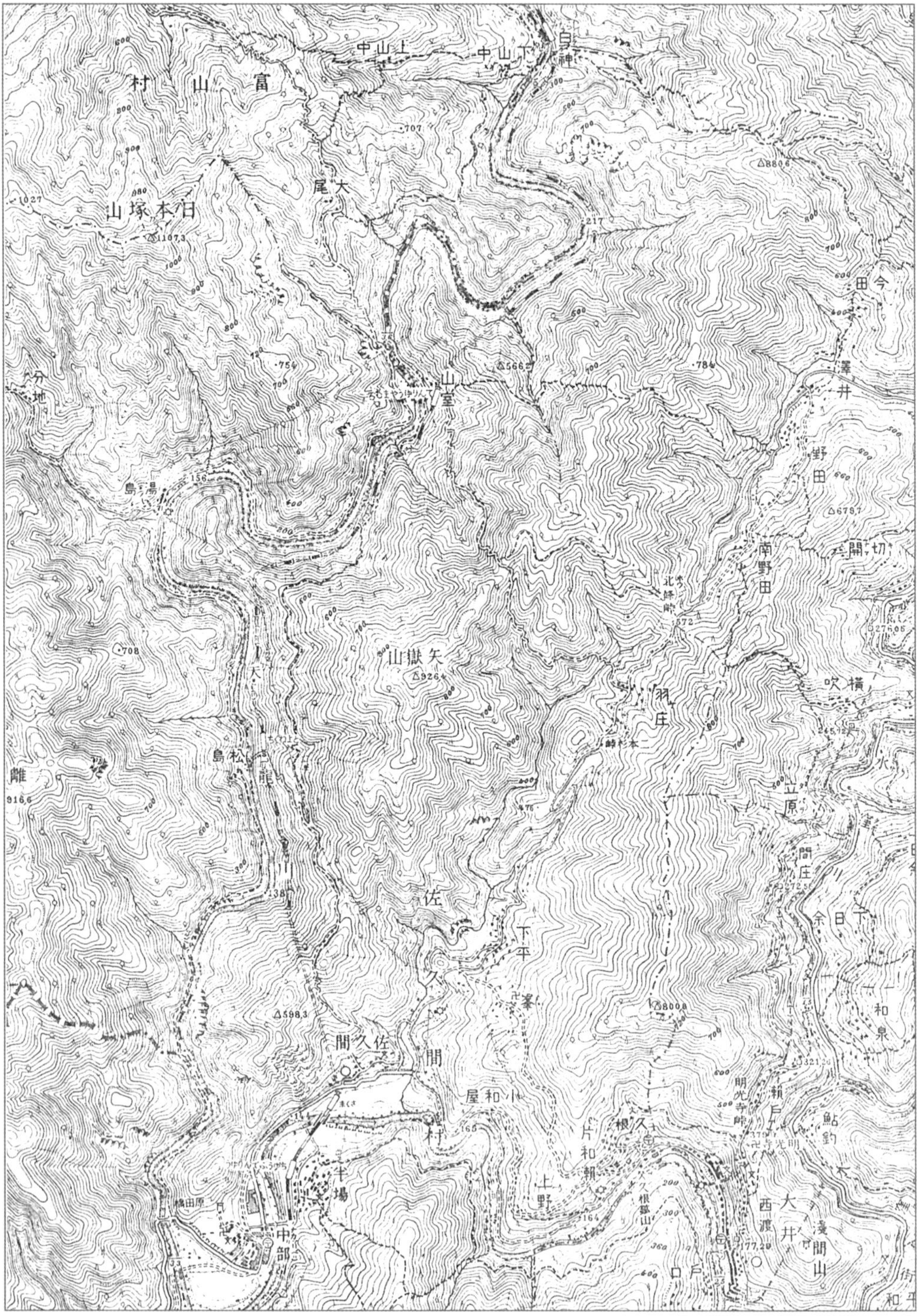

佐久間ダムができる前の飯田線旧線区間（1/5 万地形図「水窪」昭和 26 年応急修正）。天竜川左岸の深い峡谷をカーブとトンネルで縫うように走り、廃止された「白神」「天竜山室」「豊根口」３駅が確認できる

第4部

次の100年へ

初期の開通区間では開業100年を超える一方、飯田下伊那地域ではリニア中央新幹線の関連工事が進む。変わりゆく沿線の風景と、飯田線に寄せる住民の思いに触れる。

川霧の中、急斜面の茶畑の上にある中井侍駅に到着した中部天竜発飯田行きの下り列車＝2023年8月7日午前7時37分

世代超えた〝結い〟の竹灯籠
リニア関連工事が進む飯田・座光寺

「3、2、1、おめでとう！」

　午前0時を過ぎ、年が改まった2023年1月1日。飯田市座光寺の麻績《おみ》神社一帯では、竹灯籠のろうそくの明かりが行き交う二年参りの人たちを照らし、新年を祝う明るい声が響いた。「今年はにぎやかですね」。地元有志でつくる麻績竹宵の会「かぐや姫」会長の櫛原綱由《つなよし》さん（71）は話した。

　地元のモウソウチクを材料に2005年から続く催し。今回は大小約800個が「麻績の里舞台桜」を囲むように並んだ。「コロナがなくなりますように」「みんなが幸せになるように」。子どもたちの願い事が内側に書かれた竹灯籠もある。

　竹灯籠作りには、獅子舞を披露する厄年前の「若い衆」が〝結い〟の心で関わった。年代を超えた縦のつながりは地域の財産だ。櫛原さんは、竹灯籠がふるさとの原風景となることを願う。

　座光寺地区では、リニア中央新幹線の関連工事が進む。地元で建設業を営む櫛原さんも携わる。自宅と隣接の会社事務所などは工事に伴う県道の付け替えのため移転対象となった。

　移転先は地区内だが「正月に親戚が集まった時、やっぱりここにおりたいなあ、と話が出た」。「団地の人が散り散りになったり、遠い移転先になったりした人たちはつらい」とおもんぱかり、古くからの地域のつながりが壊れてしまわないかと心配する。

　次の竹灯籠はこの年の春の予定で、推定樹齢350年の舞台桜を「厳かに飾りたい」と櫛原さん。飯田線開通を見守ったであろう桜は、リニア時代へ変貌していく地域を見守り続ける。次代への思いをつなげる竹灯籠が、満開の舞台桜を照らしだす春が待ち遠しい。

新年を迎え、竹灯籠が並ぶ社殿に向かって参拝＝2023年1月1日午前0時45分

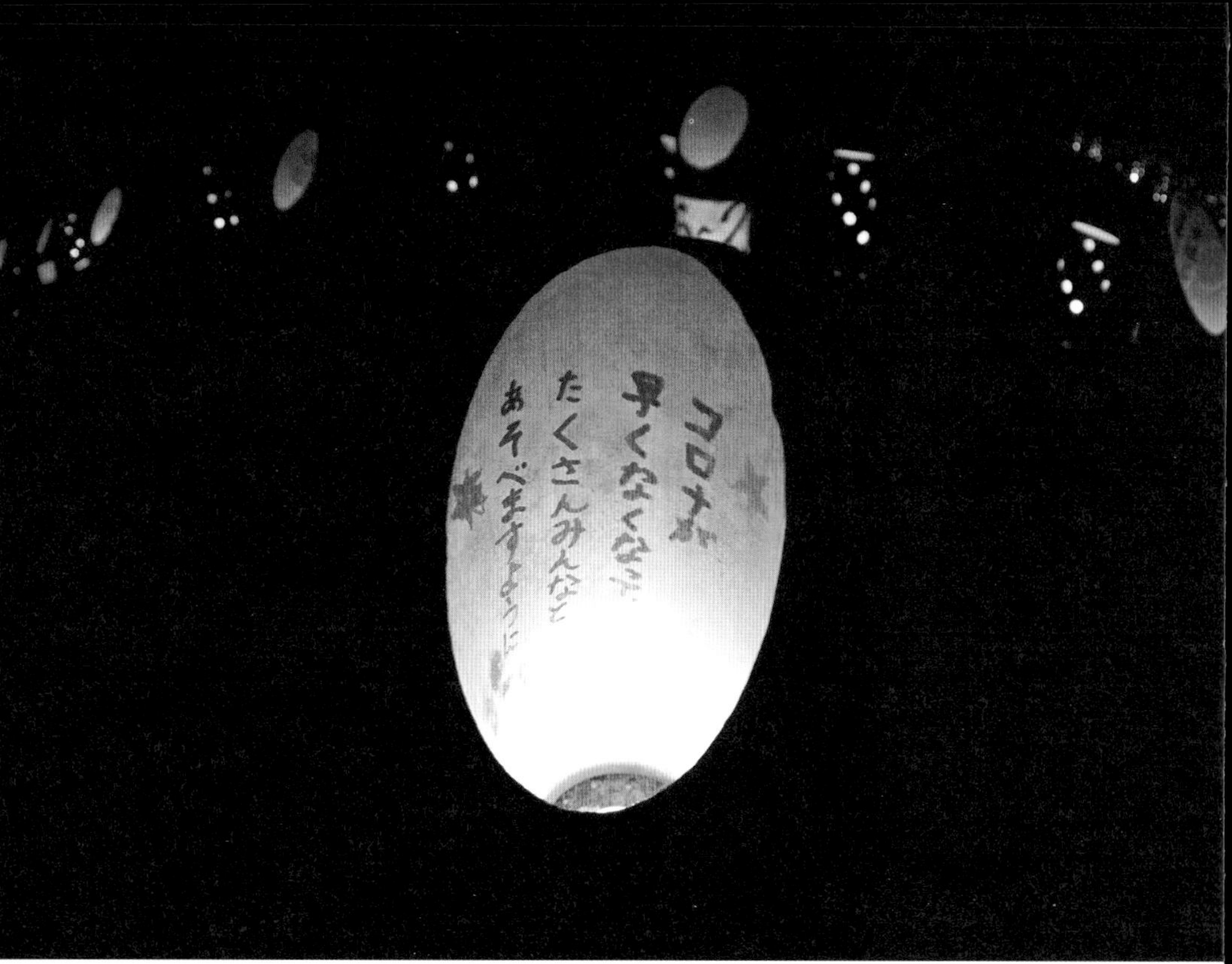

竹灯籠の内側には子どもたちの願い事が書かれたものも。一つ一つの願いをろうそくの明かりが浮かび上がらせた＝2022年12月31日

麻績神社と元善光寺の最寄り駅、元善光寺駅。リニアの長野県内駅は駅から南西約1キロに予定されている＝2023年8月5日

之首
平成二年十一月吉日
竹田扇之助記念

街の明かりを背に、ひっそりとたたずむ推定樹齢350年の舞台桜（中央）。脇には、干支（えと）の「卯（う）」の文字が竹灯籠で描かれた＝2023年1月1日午前0時4分

春、満開の時期の舞台桜。青空の下、小学校入学式を終えて子どもたちが記念撮影＝2020年4月6日

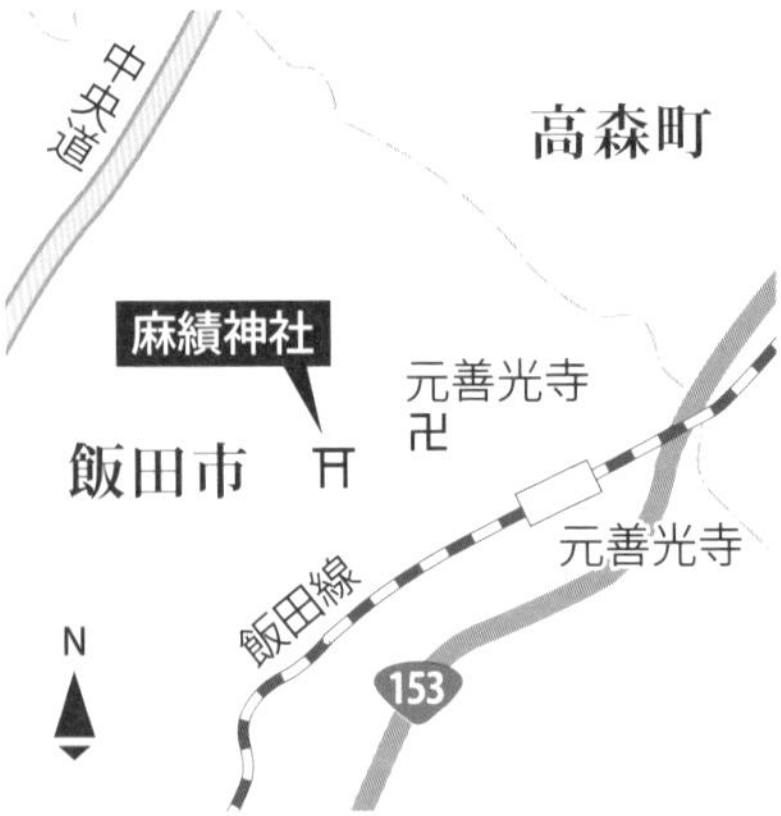

舞台桜の前に立つ説明。飯田市の天然記念物になっている＝2023年1月6日

ハクモクレンをもう一度

天竜峡で愛され続けた大木

飯田市川路の三遠南信自動車道天龍峡インターを降り、市街地方面に向かうと、天竜川沿いに発展する街並みが目に入った。1961年に伊那谷を襲った豪雨災害「三六災害」で浸水した地域だ。

災害後、約5メートルの盛り土でかさ上げを行うなど治水工事や区画整理が進んだ。2001年4月には飯田線の付け替えがあり、川路駅も移転。災害前の面影はほぼない。「昔は電車で天竜峡に向かうと、あの辺からぐーっと下がっていったよ」。同市鼎切石の造園業宮沢良弘さん(86)は懐かしむ。

宮沢さんは半世紀以上、造園に携わる。08年、伐採が決まっていた国道151号沿いのハクモクレンを飯田線に近い川路1号公園に移植した。天竜峡への目印として親しまれていた樹齢100年以上、高さ約10メートルの大木を残したい——と、移植を願う多数の声が市に寄せられていたことが背景にあった。

「これからも天竜峡を見守ってほしい」と、移植後も水やりなど手弁当で世話。次の年にわずかに花を付け、息吹を見せ始めていたが数年前に伐採された。公園を管理する市によると、盛り土で作られた土壌が合わず「立ち枯れで危険になったので伐採したと思われる」。同じ場所に木を植えることは可能だという。

発展する街を見守る新たなハクモクレンを植え、「未来へつなげたい」と宮沢さん。同じ思いを持つ人を募り、行動に移すつもりだ。

移植を手がけたハクモクレンの写真を見ながら樹木への思いを語る宮沢良弘さん＝2023年1月15日

天龍峡入口
Tenryukyo Valley
Iida City
Tenryukyo Valley

通過する飯田線列車の向こうに見える飯田市川路の「天龍峡入口」交差点。ハクモクレンが移植されていた川路１号公園がすぐ近くにある＝2023年1月20日

1961年6月の豪雨災害「三六災害」で冠水した川路駅一帯。増えた水が天竜峡の北に広がる氾濫原に広がったが、下流の泰阜ダムによる河床の上昇も原因とされた。右上から延びてくる架線柱が飯田線、右下の屋根が川路駅＝1961年6月28日

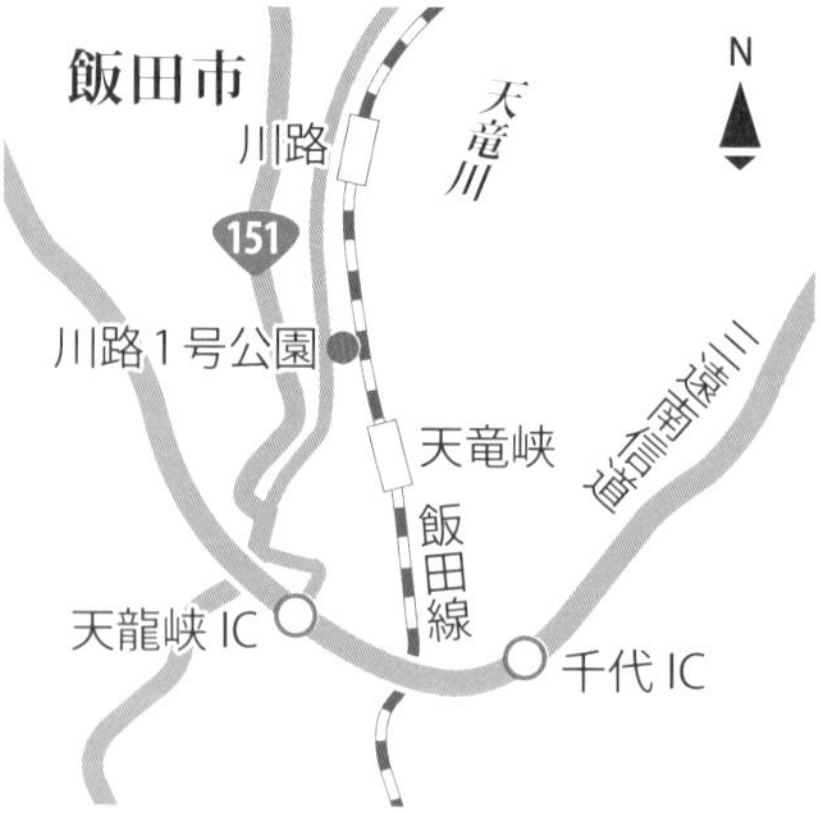

国道から天竜峡へ曲がる目印として親しまれたハクモクレン。移植前に満開の姿を見せていた＝2008年4月1日

三六災害で被災した川路駅一帯は、飯田市などの治水事業で盛り土が行われ、新たな土地に生まれ変わった。移転した駅（右奥）の前には完成記念碑が立つ＝2023年7月29日

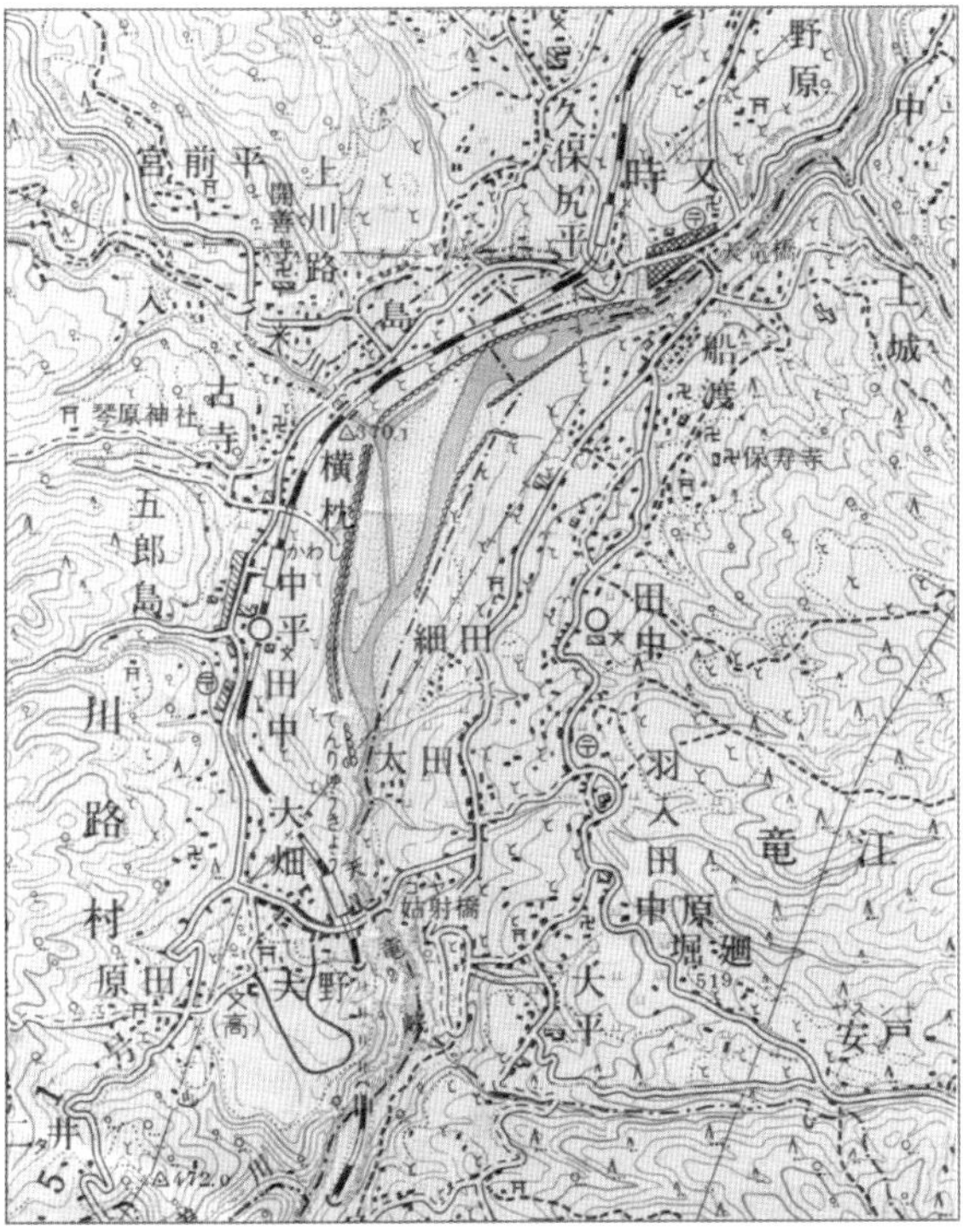

三六災害（1961年）以前の川路駅周辺（1/5万地形図「時又」昭和34年資料修正）。旧川路村の中心部として駅周辺に集落形成があったことや、北と南を渓谷に挟まれた氾濫原であることが分かる

次代を待ち遺構で眠るワイン
幻と消えた国鉄佐久間線トンネル

木製の扉を開けると暖かく湿った空気が身を包んだ。薄暗い先は緩やかなカーブを描き、壁沿いにはワインボトルを保管した木製のラックが並ぶ。２０２３年２月、近くを天竜川が流れる浜松市天竜区の山あいにある「相津《そうづ》トンネル」を訪れた。

トンネルは、旧国鉄が１１７０メートルまで掘って工事を中止した未成線「佐久間線」の一部に当たる。現在はともに天竜区内にある飯田線の中部天竜駅と国鉄二俣線の遠江二俣《とおとうみふたまた》駅（現在の天竜浜名湖鉄道天竜二俣駅）の間、約35キロを結ぶ計画で、遠江二俣―遠江横山間10・8キロは計画認可されて着工した。が、巨額赤字の国鉄を再生させる目的の国鉄再建法の施行（１９８０年12月）を受け、採算が見込めない路線とされた。

トンネル内ではワインの販売もしている＝2023年２月１日

山本六二郎さんが保管を続ける南安曇農業高校の生徒が造ったワイン＝２０２３年２月１日

市内には線路敷の築堤やトンネル、橋などの遺物が残された。駅設置も予定された相津でそば店やカフェを営む山本六二郎《ろくじろう》さん（73）は２００９年10月、相津トンネルを管理する市から借り、「浜松ワインセラー」として貸し出しを始めた。

浜松ワインセラーの入り口。樽を思わせる木製の扉が旧相津トンネルの入り口にはめ込まれている＝2023年2月1日

未成線「佐久間線」の相津トンネルは奥に向かって緩やかにカーブを描いている。両脇に置かれた棚の中でワインが寝かされている＝2023年2月1日

3
OKANO

山本さんはワインが好きで、欧州のワイナリー巡りもした。初めて相津トンネルを訪れた時に思い立った。「天然の貯蔵庫になるのでは」。内部は年間通して気温15〜

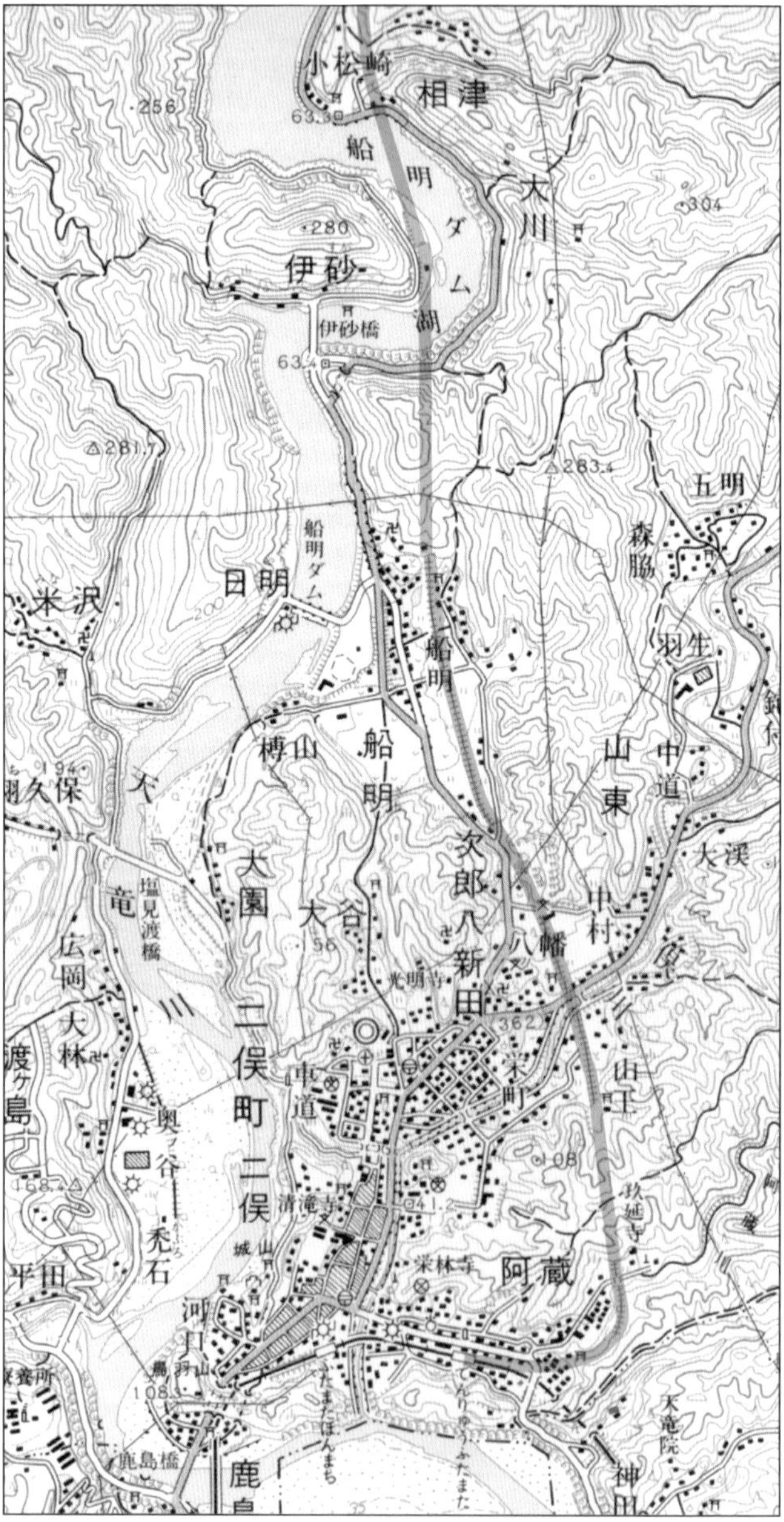

旧天竜市中心部から北部にかけての地形図（現浜松市天竜区、1/5万「天竜」平成２年修正）。薄赤のラインが国鉄佐久間線の計画ルート。一部に築堤（線路用地）の跡が記されている。ワインセラーは最上部付近にある

18度、湿度75～85％。劣化の要因になる紫外線が届かない。今は約400人が利用する。

2010年、安曇野市の南安曇農業高校の生徒がワインを造ったことを知り、約30本を購入した。「造った人と会って一緒に飲んでみたいね」。保管を続けるのは、他にワイン醸造を志す生徒がいれば参考にしてもらうためでもある。

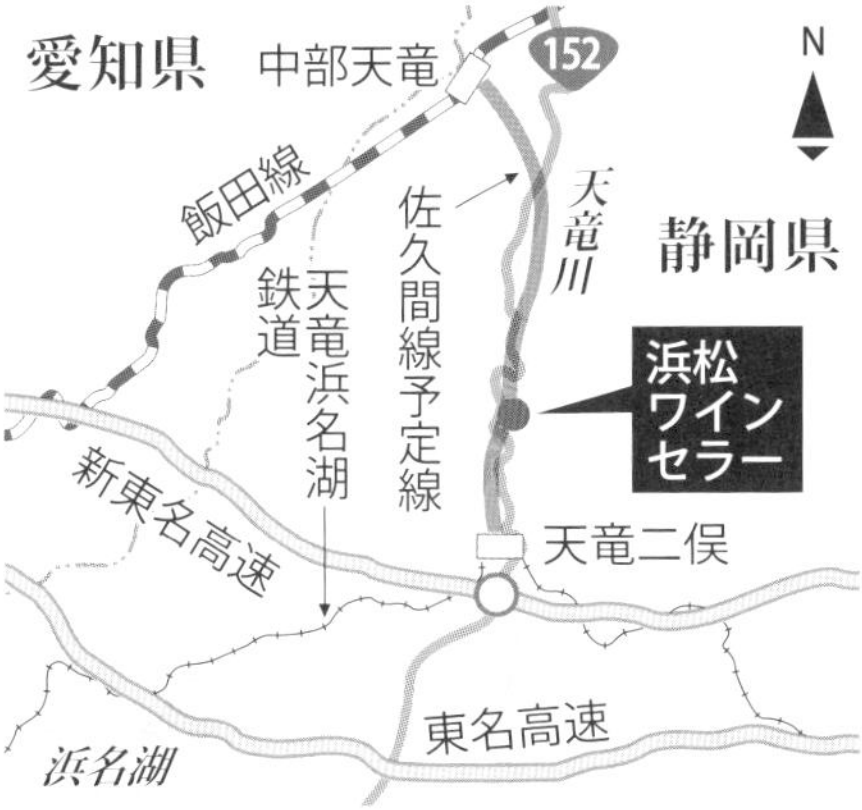

完成しなかった国鉄佐久間線「第二天竜川橋梁」の名残をとどめた橋。船明（ふなぎら）ダム湖に残っていた４基の橋脚を生かし、2000年に長さ430メートル、歩行者、自転車専用の「夢のかけ橋」となった＝2023年２月１日

40年——未来への思いが通う道

凍結された国鉄中津川線の線路用地

「おはようございます」

2023年2月14日午前7時半、飯田市竹佐の山本小学校近く。爽やかな朝日が差し込んだ通学路に、登校中の子どもたちの元気な声が響いた。畑を貫くように延びる通学路は平らで、転落防止用のフェンスで区切られている。周囲の急峻《きゅうしゅん》な地形と見比べると造成に手間をかけた印象を受けた。

この通学路は飯田駅と、JR中央西線中津川駅を結ぶはずだった旧国鉄中津川線の一部。列車が走る予定だった線路用地だ。近くの二ツ山を貫いたトンネルを含む〝幻の鉄道〟の痕跡を、一目見ようと訪れるファ

飯田市・二ツ山トンネルの工事。掘り出した土砂である「ずり」を地上部分の築堤として固めた＝1968年2月

ンもいる。

　中津川線は約38キロ区間に六つの駅と行き違いのための二つの信号場（トンネル内）を設置。10のトンネルを掘り、飯田―名古屋間を直通列車で1時間余に短縮する構想だった。着工は１９６７年。74年の完成を見込んだが、旧国鉄の経営悪化に中央道延伸が追い打ちをかけ、80年に凍結された。

　ところが近年、線路用地を含む一帯に国道１５３号バイパスを新設する案が浮上。中央道飯田インター（ＩＣ）付近と飯田山本ＩＣ付近を結ぶ「飯田南道路」で、国が事業化に向けた手続きを進めている。

　近くで車の修理・販売業を営む橋本昌矩《まさのり》さん（81）は「中止になった鉄道が国道に変わる。今度こそ、地域のために活用したい」と期待する。地元ではリンゴや柿の栽培が盛んだ。

飯田市中村に残る中津川線の線路用地。正面の二ツ山を貫くトンネルは完成したが、開通は幻となった＝2023年8月14日

飯田市竹佐で工事が進んでいた頃。二ツ山トンネルと合わせ約3.4キロが完成するが、進展が遅く地元からはいらだちの声が上がった＝1970年8月

中津川線の列車が走る予定だった線路用地。車の心配のない安全な道を、朝夕は山本小学校の子どもたちが通学に使う（奥が二ツ山トンネル方向）＝2022年2月14日午前7時31分

沿線で収穫した果物や野菜を販売する場所ができれば活気づくはず。そして、子どもたちが地域で暮らし続けることができれば——と思い描く。

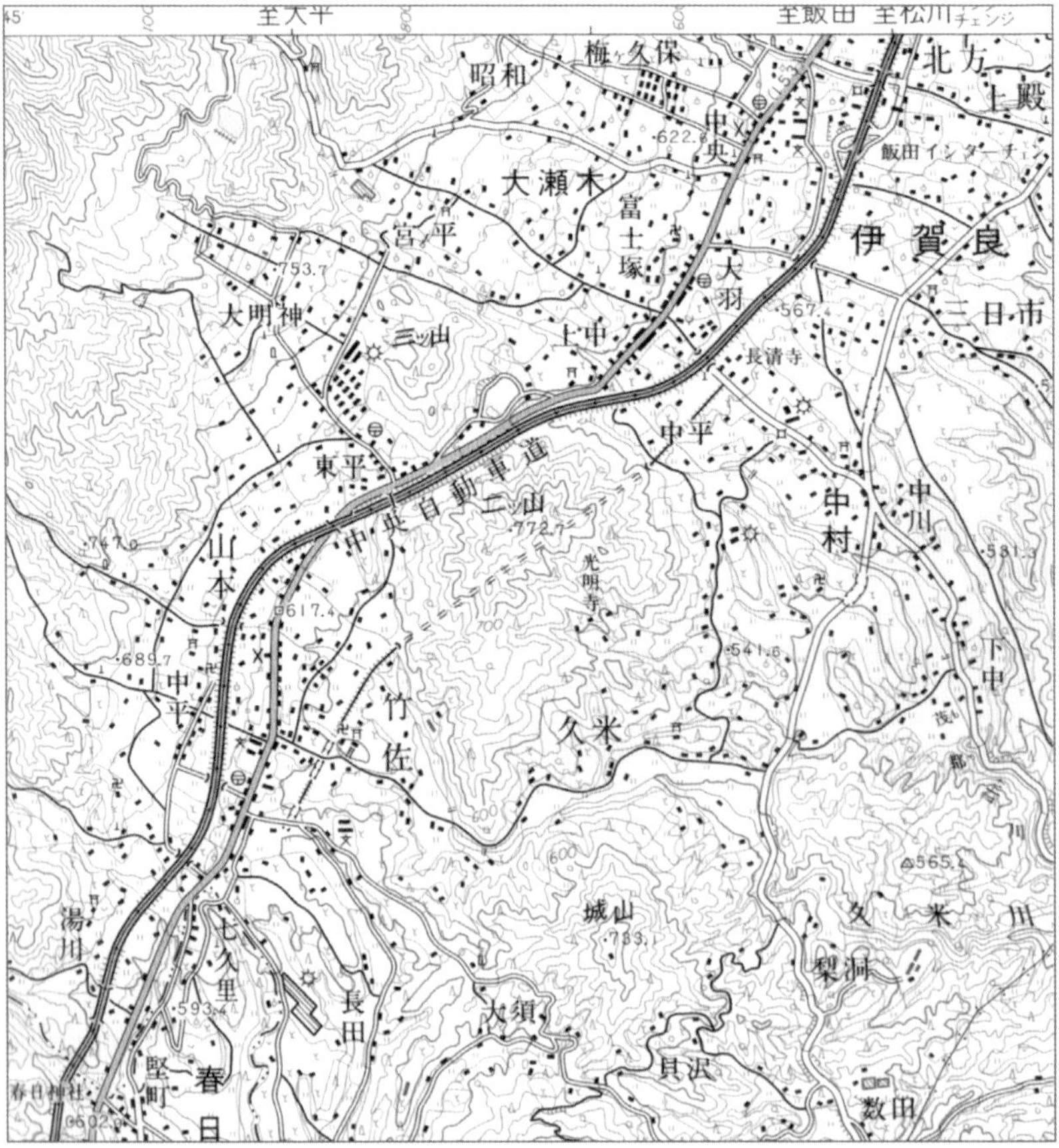

かつての地形図には、完成した二ツ山トンネルや、築かれた前後の線路用地も描かれていた（1／5万地形図「時又」昭和53年編集）

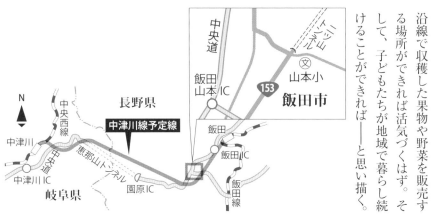

後世に継ぐ昼神温泉の源

中津川線調査以前にも湯の歴史

「すごくぬるぬるする」

下伊那郡阿智村の阿智第一小学校の5年生19人が2023年3月1日、同村智里の昼神温泉にある湯元ホテル阿智川を授業で訪れ、男性用露天風呂の一角に開いた穴を興味深そうにのぞいた。長方形の格子戸の向こうで湯がこんこんと湧き、それをホースで引き込んでいた。

村内でもこの穴の存在はあまり知られていない。「昼神温泉ができるきっかけになった穴です」。同ホテルの営業部長熊谷博明さん(60)から説明を受けた子どもたちは驚いた様子だった。

一帯では約50年前、旧国鉄中津川線(飯田―中津川間)の地質調査が行われた。熊谷さんによると、調査中に故障した機械の回収用に横穴を掘削。同ホテル元会長で故人の山口幸直さんが命綱を体に巻いて入り、約100メートル先で湯が湧いているのを見つけた。30人ほどが宿泊できる保養所を造ったのが、伊那谷有数の観光地に育った昼神温泉の始まりとされる。

一方、村の歴史を調べており、授業の講師を務

湧き出る温泉に手を伸ばす阿智第一小学校の児童たち＝2023年3月1日

温泉が出ているのが見つかった昼神温泉「湯元ホテル阿智川」の穴。豆電球のともった内部を阿智第一小学校の児童がのぞき込んだ＝2023年3月1日

めた同村駒場の林茂伸さん（67）は「３００年以上前にも湯の神様を祭っていた歴史がある」と話す。古文書に記録が残っているという。

温泉は中津川線との関わりもあって広く知られるようになったが、林さんは歴史をさかのぼって知ってほしい――と資料を作り、同小学校で教える機会も設けた。「地域の歴史を自分の言葉で語れるようになってほしい」と願う。

温泉が出ているのが見つかった
昼神温泉「湯元ホテル阿智川」
の穴＝2023年3月1日

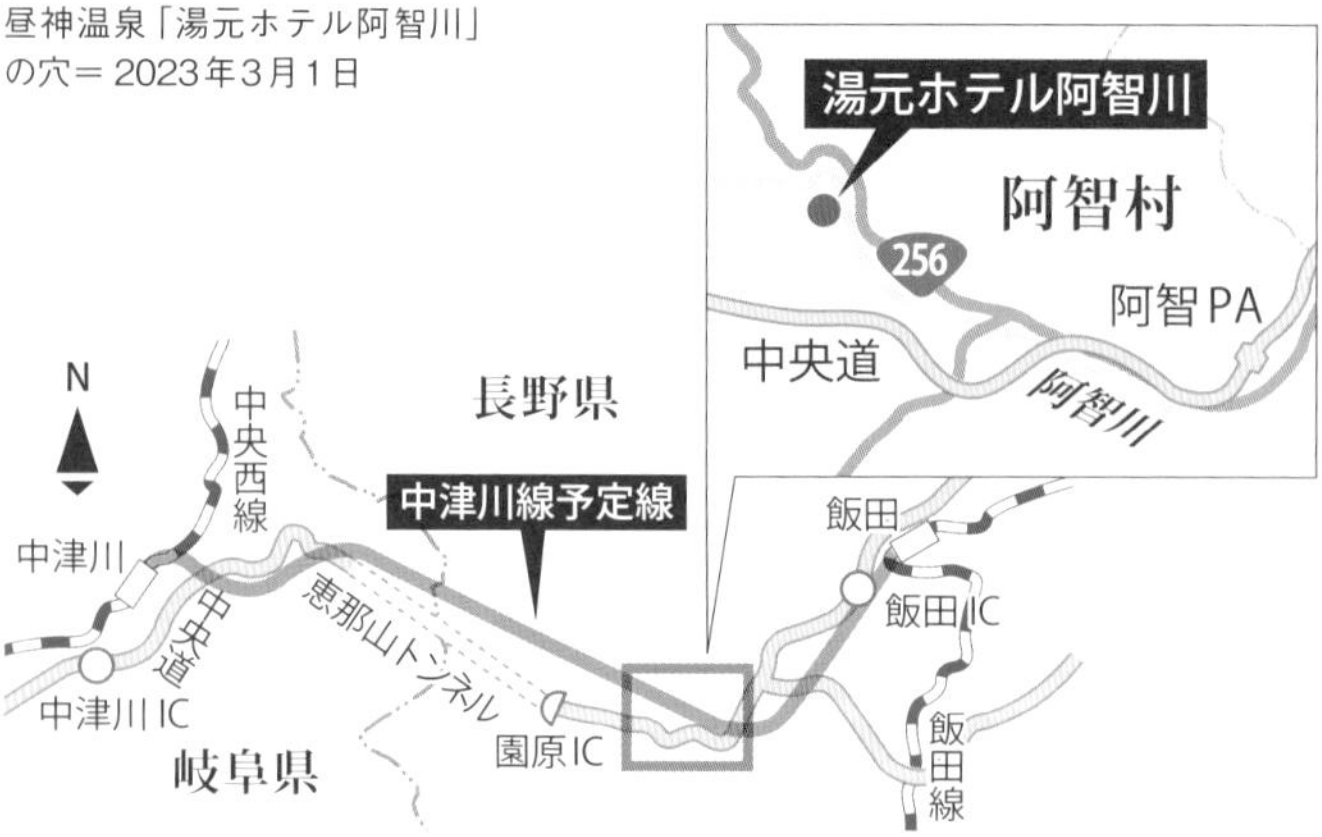

営みつなぐ「財産」これからも
天竜川沿いを縫うように走る

静かな早朝の中井侍駅を出発する平岡発豊橋行きの上り列車＝2023年8月7日

2023年3月13日午前8時過ぎ、ウグイスのさえずりが響く渓谷に、警報器がカンカン鳴った。間もなく、飯田線の列車が天竜川から立ち上る霧を切り裂くように下伊那郡天龍村の中井《なかい》侍《さむらい》駅に滑り込んだ。

長野県の最南端に位置する同駅の眼下には茶畑が広がる。初めて下車した東京都内の大学生菊地真之さん（24）は周囲を眺めながらホームの端から端まで歩き「すごいところだ」と一言。天竜川沿いを縫うように走る列車の車窓からの風景、車で行くのが困難な無人駅……。同駅をはじめ、山深さが増す天竜峡駅以南の〝秘境駅〟を目当てに、乗車する鉄道ファンは後を絶たない。

秘境駅という言葉は、最初は鉄道ファンが使っていたが徐々に注目されるようになり、JR東海が2010年に観光列車「飯田線秘境駅号」の運行を始めたことなどで一般にも広がった。ただ、飯田市龍江の住民有志でつくるNPO法人「七和の会」理事長熊谷秀男さん（73）が下地を整えたことはあまり知られていない。

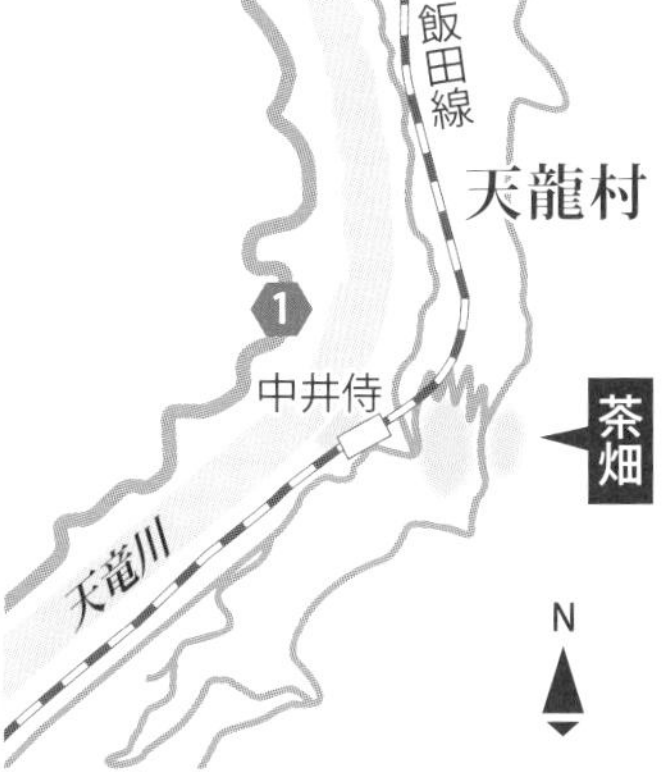

中井侍駅に入っていく列車（左下）。モノクロームのような景観が
多くの鉄道ファンを引き付ける＝2023年3月13日午前8時19分

道がつづら折りの急斜面に茶畑が広がり、家が点在する中井侍地区。右下が中井侍駅＝2023年8月7日

各地で地方鉄道路線廃止の動きが表面化した15年ほど前に「飯田線はそうさせない」と決意。09年には参加者を募り、自転車で飯田市川路から平岡駅、中部天竜駅まで走って臨時列車で戻る催しを開いた。同年以降も小和田駅でのライブや各駅を巡る催しを開き、同線の魅力を広めてきた。

伊那谷では、東京・品川―名古屋を最短40分で結ぶリニア中央新幹線の工事が本格化している。だが熊谷さんは、山あいに点在する集落をつなぎ、生活を支える飯田線は「リニアが通ったとしても、地元にとってかけがえのない財産だ」と言い切る。

中井侍駅がある中井侍地区では茶葉の栽培が盛んだ。しかし、他の山間部と同様、高齢化と人口減少の波はもはや止めようがないと

ころまで押し寄せている。それでも、生産者の原田幸文さん（81）は「若い人が働ける場所を守りたい」と、茶摘みに精を出す。

全長195・7キロの飯田線が辰野―豊橋間のを結んで全線開通してから80年余。全国からファンを引きつけるのは、そこで暮らす人の営みそのものではないだろうか。

中井侍駅直下の天竜川を見下ろす急斜面では４月末～５月初めに茶摘みが始まる。駅には伊那松島発豊橋行き上り列車が到着＝2023年4月28日

飯田線関連 略年表

［ ］は現在の駅名、＊は廃止された駅、〈 〉は列車愛称

明治21（1888）9・1 官設鉄道［東海道本線］浜松―大府間延伸で豊橋駅開業

30（1897）7・15 豊川鉄道、豊橋―豊川間開業

7・22 同、豊川―一ノ宮［三河一宮］間延伸

31（1898）4・25 同、一ノ宮―新城間延伸

32（1899）12・11 豊橋駅の一部を分離、豊川鉄道吉田駅新設（現豊橋駅飯田線ホームの原形）

33（1900）9・23 **同、新城―大海間延伸、吉田［豊橋］―大海27・9㎞全通**

39（1906）6・11 官設鉄道［中央東線］岡谷―塩尻間延伸で辰野駅開業

42（1909）12・28 伊那電車軌道・辰野（後の西町＊）―松島［伊那松島］間開業（軌道）

44（1911）2・22 同、松島―木ノ下間延伸（軌道）

11・3 同、木ノ下―御園＊間延伸（軌道）

45（1912）1・4 同、御園―伊那北間延伸（軌道）

5・11？ 同、伊那北―伊那町［伊那市］間延伸

大正2（1913）12・27 同、伊那町―宮田間延伸

3（1914）10・31 同、宮田―赤穂［駒ケ根］間延伸

12・26 同、赤穂―伊那福岡間延伸

4（1915）6・24 同、伊那福岡―伊那福岡終点仮停＊延伸

5（1916）11・23 同、辰野駅乗り入れ実現

7（1918）2・11 同、伊那福岡終点―飯島間延伸

7・23 同、飯島―七久保間延伸

12・12 同、七久保―高遠原間延伸

8（1919）8・20 同、社名を伊那電気鉄道に改称

9（1920）11・22 伊那電気鉄道、高遠原―上片桐間延伸

11（1922）7・13 同、上片桐―伊那大島間延伸

12（1923）1・15 同、伊那大島―山吹間延伸

2・1 **鳳来寺鉄道、長篠［大海］―三河川合間17・2㎞全線開業**

3・13 伊那電気鉄道、山吹―市田間延伸

3・16 同、辰野―伊那松島間別線開業

3・18 同、市田―元善光寺間延伸

8・3 同、元善光寺―飯田間延伸

14（1925）1・10 同、架線電圧を600Vから1200Vに昇圧

7・28 豊川鉄道と鳳来寺鉄道、吉田―三河川合間を1500V電化

15（1926）4・2 豊川鉄道、小坂井―豊川間複線化。愛知電気鉄道（現名古屋鉄道）が乗り入れ開始

12・17 伊那電気鉄道、飯田―伊那八幡間延伸

昭和2（1927）2・5 同、伊那八幡―毛賀終点仮停＊間延伸

4・8 同、毛賀終点―駄科間延伸

6・1 愛知電気鉄道、豊川鉄道の線路を使って吉田駅に乗り入れ開始

12・26 **伊那電気鉄道、駄科―天竜峡間延伸し、辰野―天竜峡間79・8㎞全通**

7（1932）10・30 三信鉄道、天竜峡―門島間開業

8（1933）12・21 同、三河川合―三信三輪［東栄］間開業

9（1934）11・11 同、三信三輪―佐久間［中部天竜］間延伸
10（1935）11・15 同、門島―温田間延伸
11（1936）4・26 同、温田―満島［平岡］間延伸
11・10 同、中部天竜―天竜山室*間延伸
12・29 同、天竜山室*―大嵐間延伸
12・30 同、満島―小和田間延伸
12（1937）8・20 **同、小和田―大嵐間延伸、天竜峡―三河川合間66・9km全通。辰野―豊橋間192・3kmが鉄道で接続**
17（1942）5・12 豊川鉄道、豊川―西豊川間2・4kmの支線開業
18（1943）8・1 **4私鉄を国が買収し移管、飯田線誕生**
25（1950）3・30 戦災で失われた豊橋駅舎が国内初の民衆駅として完成
26（1951）8・1 平岡ダム建設に伴い為栗―満島［平岡］間を新線に変更（距離変更なし）
30（1955）1・20 大表沢橋梁（門島―田本間）から電車転落、5人死亡
4・15 辰野―天竜峡間を1200→1500V昇圧（他は既に1500V）
11・11 **佐久間ダム建設に伴い大嵐―佐久間間の水没区間廃止。水窪経由の新ルート開業（全線196・0km）**
31（1956）9・15 豊川―西豊川間の支線廃止
10・15 佐久間ダム完成式
36（1961）3・1 名古屋―飯田―辰野間に電車準急〈伊那〉運転開始
10・1 新宿―天竜峡間に気動車急行〈天竜〉運転開始（飯田線内準急）
11・1 長野―天竜峡間に気動車準急〈天竜〉運転開始（辰野で新宿発着〈天竜〉併結）
37（1962）5・21 中央東線・上諏訪―辰野間電化に伴い、飯田線列車の上諏訪への乗り入れ開始
38（1963）6・1 新宿―飯田間に気動車急行〈赤石〉運転開始（飯田線内準急）
41（1966）3・5 準急〈伊那〉〈天竜〉を急行に格上げ
3・25 伊那田島―高遠原間に大沢信号場開設。線内唯一の信号場
42（1967）6 国鉄佐久間線（遠江二俣―遠江横山）起工式 ※遠江横山―佐久間間は認可されず
43（1968）5・9 国鉄中津川線（飯田―中津川）起工式
10・1 新宿―飯田・天竜峡間に急行〈こまがね〉運転開始（〈天竜〉と〈赤石〉を統合）
47（1972）3・15 中央東線・茅野への乗り入れ開始
55（1980）12・27 国鉄再建法施行▼これを受け中津川線、佐久間線の工事凍結
57（1982）6・13 平岡―鶯巣間の藤沢トンネル完成で新線に変更（全線195・8km）
58（1983）2・24 辰野―飯田間で列車集中制御（CTC）化
6・30 旧型国電車両の一般運用終了
7・5 中央東線・岡谷―塩尻間の塩嶺ルート開通、飯田線との乗り換え駅は岡谷へ移行◆急行〈伊那〉廃止
59（1984）2・24 全線CTC化
60（1985）3・14 岡谷駅に飯田線発着用の0番線設置
6・1 中部天竜機関区廃止◆線内の荷物営業廃止

61（1986）11・1 長野—天竜峡・富士見間に急行〈かもしか〉運転開始（〈天竜〉を改称）◆急行〈こまがね〉廃止

62（1987）4・1 **国鉄分割民営化、飯田線は全線をJR東海が承継**（辰野駅はJR東日本所属）

63（1988）2・1 JR東海、飯田線営業所開設

3・3 国鉄中津川線断念を正式決定

3・13 急行〈かもしか〉を快速〈みすず〉に格下げ、線内の優等列車消滅

平成元（1989）4・13 北殿駅で列車同士の正面衝突事故、乗客165人けが

2（1990）3・1 JR東海、飯田線営業所を支店に格上げ

3（1991）4・21 中部天竜駅構内（機関区跡地）に「佐久間レールパーク」開所

5（1993）4・4 小和田駅で皇太子ご成婚にちなんだセレモニー

4・10 豊橋—飯田間に臨時急行〈伊那路〉運行開始、優等列車復活

8（1996）3・16 **豊橋—飯田間に線内初の特急〈伊那路〉定期で2往復新設**

10・1 辰野—元善光寺間の貨物輸送終了、飯田線内の貨物全廃

9（1997）8・20 **飯田線全通60周年**◆大嵐新駅舎（旧富山村休憩所）完成式

13（2001）3・3 辰野—天竜峡間でワンマン運転開始

4・1 飯田市治水対策事業に伴い時又—天竜峡間を新線に変更、川路駅移設（全線195・7㎞）

4・2 平岡駅に総合交流促進施設「ふれあいステーション龍泉閣」開業（駅舎併用）

16（2004）10・20 伊那新町—羽場間で列車脱線転覆、4人けが（台風による大雨原因）

19（2007）12・25 JR東海、リニア中央新幹線の全額自己負担建設を表明

21（2009）11・1 中部天竜駅構内の「佐久間レールパーク」閉園

22（2010）3・13 豊橋—豊川間の改札に交通系ICカード「TOICA」導入

4・30 臨時観光急行〈秘境駅号〉運行開始▼以降恒例化

23（2011）5・26 国交省、リニア整備計画発表。南アルプス貫く「C案」に決定

8・5 JR東海、リニア新幹線の路線・中間駅の概略案公表

24（2012）3・17 中部天竜—豊橋間でワンマン運転開始

25（2013）4・1 9駅（伊那松島、伊那北、沢渡、駒ケ根、飯島、伊那大島、市田、元善光寺、鼎）を無人化。駒ケ根、伊那大島、市田は自治体よる簡易委託化。長野県内直営駅は伊那北、飯田、天竜峡の3駅のみに

9・18 JR東海、リニアのアセス準備書公表。14年夏に起工、長野県内駅は飯田市座光寺・上郷地区に計画との内容

28（2016）11・1 **同、リニア南アルプストンネル長野工区、大鹿村で着工**

令和3（2021）8・14 豪雨で横川橋梁（辰野—宮木間）損傷、代替バス輸送▼11・15再開

5（2023）8・3 飯田駅開業100周年で式典

あとがき

長野県南部の伊那谷では今、ＪＲ東海が進めるリニア中央新幹線の建設工事の槌音が響いています。県内駅ができる飯田市と東京を45分、名古屋を25分で結ぶ「夢の超特急」です。

その伊那谷には超高速鉄道とは対照的な列車が、天竜川に沿って延びる鉄路をのんびり走っています。ＪＲ飯田線です。上伊那郡辰野町と愛知県豊橋市の全長１９５・７キロに94もの駅があり、各駅停車に乗ると全区間で６時間超を要するゆったりした路線です。

私鉄４社の時代を経て、全線開業から80年余。駅間が短い飯田線は通学生やお年寄りら地域の人たちの日々の暮らしにとけ込み、一方で非日常的な魅力を醸す秘境駅が人気を集めています。大都市圏を最短距離で結ぶリニア中央新幹線が脚光を浴びる時代にあって、効率性や採算性とは少し離れた存在である飯田線にカメラを向け、その物語を編みたい――。２０２１年８月の大雨で辰野町にある横川橋梁が被災、11月の運行再開まで代替バスによる輸送が続き、沿線住民にとってなくてはならない飯田線の存在感を再確認したことも、取材のきっかけとなりました。

カメラマンたちは沿線を歩き回り、人と出会い、飯田線への思いに耳を傾け、イメージを膨らませました。撮影のポイントやタイミングに工夫を凝らし、人気の無い旧トンネルや急な斜面でちょっぴり怖い思いもしながら、一瞬を切り取っていきました。取材班の思いを込めたタイトル「伝う鉄路と物語　～飯田線～」の連載は、22年１月から23年３月まで計30回、４部構成で掲載しました。

第１部「レールのある日常」は、災害で強いられた不通の期間があった分、列車が運ぶ「ひと」に着目し、どんな思いを寄せているのか追いました。第２部「行き交うひと・もの・こと」では産業の発展に貢献した歴史、飯田線を愛した著名人のエピソードなどを交え、物語に広がりを持たせました。

山深い長野、愛知、静岡県境の鉄道敷設に尽力したアイヌの技師、川村カ子《ネ》ト。第3部「はじまりのつち音」は、今も地域に受け継がれる先人の労苦に触れました。最終の第4部「次の100年へ」は、リニア中央新幹線の建設工事で変わりゆく沿線の風景、飯田線に寄せる住民の思いを取り上げ、最後は天竜川から霧が立ち上る中、列車が県最南の駅中井侍（天龍村）に入る飯田線ならではの幻想的な風景を捉えて締めくくりました。

幾つかの取材エピソードを紹介しましょう。

被災当時の横川橋梁周辺。脚立に乗って写真を撮っていたカメラマンに「信毎さん、お疲れさまです」と声をかけてくださった近所のご夫妻がいました。天竜川の濁流に橋脚が傾き、「こんなことになるとは」と肩を落とす姿に、飯田線への愛着の深さを実感。連載をスタートさせる動機づけにもなりました。

下伊那郡泰阜村の唐笠駅でも近所の人に助けられました。天竜川のすぐ近くにある駅の特徴をどう写せばいいか、妙案が思いつかずに周辺を歩いていると、1人のお年寄りに声をかけられました。「写真が撮りたかったら、対岸の民家に行ってみ」。橋を渡って細い道を行くと、民家の前に立派なあずまやがありました。対岸の駅と手前の天竜川が重なる絶好のポイントでした。

ヒヤリとする経験もありました。下伊那郡天龍村の為栗駅を見下ろす山肌にへばりつき、「秘境駅号」を待っていると、近くで「ガサガサッ」と草むらが揺れる音が。驚いて振り向くと猿の群れが逃げていきました。「熊が出てきてもおかしくない」と青ざめ、撮影後は転げ落ちるように急坂を下りました。浜松市天竜区の大嵐駅近くの夏焼隧道では、薄暗いトンネル内を懐中電灯片手に1人で歩き、怖くて仕方ありませんでした。

何かに導かれたかのような撮影もありました。飯田線を題材にしたＪＲの「青春18きっぷ」ポスターの撮影場所に、線路と天竜川の位置を頼りに行くと、天龍峡大橋がかかる風景が飛び込んできました。時刻表を見ながら次の列車を待つ間に激しい夕立が降って撮影どころではなくなりましたが、暗くなると天龍峡大橋が点灯し、雨の後には川霧が上がってくることが分かりました。掲載した写真は、雨でダイヤが乱れたゆえに撮れた1枚です。この時間のこの列車しかない撮影に、天候も味方してくれました。

放浪の画家山下清が残した手記を頼りに、下伊那郡高森町の高台から飯田線を見下ろした1枚をめぐっては興味深い読者の反応がありました。掲載写真と、手元にある山下のものとされる絵が「そっくりだ」とし、鑑定をアドバイスされたというのです。果たしてその結果は――。真贋は定かではありませんが、今回の連載が一つの縁となり、山下清と飯田線の関係を呼び起こすことになりました。

今回の連載はカメラマンの北沢博臣（飯田支社）、宮坂雅紀（現編集委員、連載時・松本本社報道部）が撮影、記事執筆を担当。見出しやレイアウトは整理部大工原菜摘、デスクは報道部大杉健治が務めました。

少なからぬ地方の鉄道が今、経営的な視点のみで存廃の岐路に立っています。この本を手にした皆さんがそれぞれに飯田線の魅力を見いだし、もしくは再確認し、人や地域と鉄道の体温のある関係に思いをはせてくれたならば、これほどうれしいことはありません。

2023年9月

信濃毎日新聞社取締役編集局長　小市昭夫

書籍編集	内山郁夫（信濃毎日新聞社メディア局）
ブックデザイン	酒井隆志
路線図作成	株式会社千秋社
地形図提供	今尾恵介

伝う鉄路と物語　飯田線

2023年10月 8日　初版発行
2023年10月30日　第2刷発行

編　者　信濃毎日新聞社編集局
発行者　信濃毎日新聞社
〒380-8546 長野県長野市南県町657番地
電話 026-236-3377（出版部）
ファクス026-236-3096（　〃　）
https://shinmai-books.com/
印刷所　株式会社シナノパブリッシングプレス

Printed in Japan
ISBN978-4-7840-7426-6 C0026